2017 年发布

社会保险基金会计制度

中华人民共和国财政部　制定

中国财经出版传媒集团
中国财政经济出版社

图书在版编目（CIP）数据

社会保险基金会计制度/中华人民共和国财政部制定．—北京：中国财政经济出版社，2017.12

ISBN 978-7-5095-7991-6

Ⅰ.①社… Ⅱ.①中… Ⅲ.①社会保障基金-会计制度-研究-中国 Ⅳ.①F842.61②F233.2

中国版本图书馆 CIP 数据核字（2017）第 326841 号

责任编辑：黎子民　白　静　　　　责任校对：胡永立
封面设计：秦聪聪

中国财政经济出版社 出版

URL：http：//www.cfeac.com

E-mail：cfeac@cfemg.cn

社址：北京市海淀区阜成路甲 28 号　邮政编码：100142

营销中心电话：88190406　北京财经书店电话：64033436　84041336

北京中兴印刷有限公司印刷　各地新华书店经销

787×1092 毫米　16 开　8 印张　131 000 字

2018 年 1 月第 1 版　2018 年 1 月北京第 1 次印刷

定价：25.00 元

ISBN 978-7-5095-7991-6

（图书出现印装问题，本社负责调换）

质量投诉电话：010-88190744

打击盗版举报热线：010-88190414　QQ：447268889

关于印发《社会保险基金会计制度》的通知

财会〔2017〕28 号

人力资源社会保障部、国家卫生计生委，各省、自治区、直辖市、计划单列市财政厅（局），新疆生产建设兵团财务局：

为适应社会保障体系建设需要，进一步规范社会保险基金的会计核算，提高会计信息质量，根据《中华人民共和国会计法》《中华人民共和国社会保险法》，结合新修订的《社会保险基金财务制度》（财社〔2017〕144 号）规定，我部对《社会保险基金会计制度》（财会〔1999〕20 号）进行了修订，现予印发，自 2018 年 1 月 1 日起施行。

执行中有何问题，请及时反馈我部。

附件：社会保险基金会计制度

财政部

2017 年 11 月 28 日

目　　录

第一部分　总　说　明

一、为了规范社会保险经办机构经办的社会保险基金的会计核算，根据《中华人民共和国会计法》《中华人民共和国社会保险法》，结合《社会保险基金财务制度》规定，制定本制度。

二、本制度适用于社会保险经办机构（以下简称经办机构）负责经办的社会保险基金，包括在中华人民共和国境内依据《中华人民共和国社会保险法》建立的企业职工基本养老保险基金、城乡居民基本养老保险基金、机关事业单位基本养老保险基金、职工基本医疗保险基金、城乡居民基本医疗保险基金（包括城镇居民基本医疗保险基金、新型农村合作医疗基金、合并实施的城乡居民基本医疗保险基金）、工伤保险基金、失业保险基金、生育保险基金（生育保险与职工基本医疗保险合并实施的统筹地区，不再单列生育保险基金）等基金。

经办机构经办的其他各类社会保险基金的会计核算，参照本制度执行。

本制度所称社会保险基金是指为了保障参保对象的权益和社会保险待遇，根据国家法律法规规定，由单位和个人缴纳、政府补助以及通过其他合法方式筹集的专项资金。

三、社会保险基金应当作为独立的会计主体进行核算。

四、经办机构应当将经办的各类社会保险基金按照险种及不同制度分别建账、分别核算。

五、社会保险基金的会计核算一般采用收付实现制，基本养老保险基金委托投资等部分业务或者事项的会计核算应当采用权责发生制。

六、社会保险基金的会计要素包括资产、负债、净资产、收入和支出。

七、社会保险基金的会计记账采用借贷记账法。

八、社会保险基金的会计核算应当划分会计期间，分期结算账目和编制财务报表。会计期间的起讫日期采用公历制。

九、社会保险基金的会计核算应当遵循以下基本原则：

（一）社会保险基金的会计核算应当以实际发生的业务为依据，如实反映社会保险基金的财务状况和收支情况等信息，保证会计信息真实可靠、内容完整。

（二）社会保险基金的会计核算应当采用规定的会计政策，确保会计信息口径一致、相互可比。

（三）社会保险基金的会计核算应当及时进行，不得提前或者延后。

十、经办机构应当按照下列规定运用会计科目对社会保险基金进行会计核算：

（一）经办机构应当区分险种及不同制度，按照本制度的规定设置和使用会计科目、填制会计凭证、登记会计账簿。

（二）经办机构应当执行本制度统一规定的会计科目编号，以便于填制会计凭证、登记账簿、查阅账目。

（三）在填制会计凭证、登记账簿时，经办机构应当填列会计科目的名称，或者同时填列会计科目的名称和编号，不得只填列科目编号而不填列科目名称。

（四）在不违反本制度的前提下，经办机构可以根据核算和管理工作需要对明细科目的设置作必要的补充。

十一、经办机构应当按照下列规定编制社会保险基金财务报表：

（一）经办机构应当按照本制度的规定，区分基金险种及不同制度分别编制社会保险基金财务报表。

（二）社会保险基金财务报表包括资产负债表、收支表及附注。

（三）社会保险基金财务报表应当按照月度和年度编制。

（四）社会保险基金财务报表应当根据登记完整、核对无误的账簿记录和其他有关资料编制，做到数字真实、计算准确、内容完整、编报及时。

十二、社会保险基金相关会计基础工作、会计档案管理以及内部控制等，应当遵循《中华人民共和国会计法》《会计基础工作规范》《会计档案管理办法》及国家有关内部控制规范等相关法律、规章和制度规定。

社会保险基金相关会计信息化工作，应当符合财政部制定的相关会计信息化工作规范和标准，确保利用现代信息技术手段开展会计核算及生成的会计信息符合本制度的规定。

十三、本制度自2018年1月1日起施行。《财政部关于印发〈社会保险基金会计制度〉的通知》（财会〔1999〕20 号）、《财政部关于印发〈社会保险基金会计核算若干问题补充规定〉的通知》（财会〔2003〕19 号）、《财政部关于印发〈新型农村合作医疗基金会计制度〉的通知》（财会〔2008〕1 号）、《财政部关于印发〈新型农村社会养老保险基金会计核算暂行办法〉的通知》（财会〔2011〕3 号）、《财政部关于印发〈利用基本医疗保险基金向商业保险机构购买城乡居民大病保险会计核算补充规定〉的通知》（财会〔2013〕21 号）、《财政部关于做实企业职工基本养老保险个人账户中央补助资金投资会计核算有关问题的通知》（财会〔2014〕19 号）同时废止。

第二部分　会计科目名称和编号

序号	科目编号	科目名称	备注
一、资产类			
1	1001	库存现金	
2	1002	收入户存款	
3	1003	财政专户存款	
4	1004	支出户存款	
5	1005	国库存款	
6	1101	暂付款	
7	1201	债券投资	
8	1202	委托投资	企业职工、城乡居民、机关事业单位基本养老保险基金（省级）专用科目
二、负债类			
9	2001	暂收款	
10	2101	借入款项	
三、净资产类			
11	3001	一般基金结余	
12	3101	风险基金结余	提取风险基金的新型农村合作医疗基金专用科目
13	3201	储备金结余	工伤保险基金专用科目
四、收入类			
14	4001	社会保险费收入	
15	4101	财政补贴收入	
16	4102	集体补助收入	城乡居民基本养老保险基金专用科目
17	4201	利息收入	
18	4202	委托投资收益	企业职工、城乡居民、机关事业单位基本养老保险基金专用科目

续表

序号	科目编号	科目名称	备注
19	4301	转移收入	
20	4401	上级补助收入	
21	4402	下级上解收入	
22	4501	其他收入	
23	4601	待转社会保险费收入	职工基本医疗保险基金专用科目
24	4602	待转利息收入	职工基本医疗保险基金专用科目
五、支出类			
25	5001	社会保险待遇支出	
26	5101	大病保险支出	职工、城乡居民基本医疗保险基金专用科目
27	5102	劳动能力鉴定支出	工伤保险基金专用科目
28	5103	工伤预防费用支出	工伤保险基金专用科目
29	5104	稳定岗位补贴支出	失业保险基金专用科目
30	5105	技能提升补贴支出	失业保险基金专用科目
31	5201	转移支出	
32	5301	上解上级支出	
33	5302	补助下级支出	
34	5401	其他支出	

第三部分　会计科目使用说明

一、资产类

1001　库存现金

一、本科目核算社会保险基金的库存现金。

二、经办机构应当严格按照国家有关现金管理的规定以及社会保险基金相关管理和财务制度规定收支现金。

三、库存现金的主要账务处理如下：

（一）提取现金，按照实际提取的金额，借记本科目，贷记“支出户存款”等科目。

（二）支出现金，按照实际支出的金额，借记“社会保险待遇支出”等科目，贷记本科目。

四、本科目应当设置“库存现金日记账”，由出纳人员根据收付款凭证，逐笔顺序登记。每日终了，应当计算当日的现金收入合计数、现金支出合计数和结余数，并将结余数与实际库存数进行核对，做到账款相符。

五、本科目期末借方余额，反映社会保险基金的库存现金余额。

1002　收入户存款

一、本科目核算社会保险基金按规定存入收入户的款项。

二、经办机构应当严格按照社会保险基金相关管理和财务制度规定设置基金收入户并办理收入户相关业务。

三、收入户存款的主要账务处理如下：

（一）按规定接收经办机构征收的社会保险费收入、接收上级经办机构下拨或下级经办机构上解的基金收入、接收收入户利息收入、接收社会保险基金转移收入以及其他收入等时，按照实际收到的金额，借记本科目，贷记相关科目。

（二）按规定从收入户向财政专户划转基金、向上级基金缴拨基金等时，按照实际划转或缴拨金额，借记相关科目，贷记本科目；原渠道退回社会保险费收入、转移收入时，按照实际退回金额，借记相关科目，贷记本科目。

四、本科目应当按照开户银行设置“收入户存款日记账”，由出纳人员根据收付款凭证，逐笔顺序登记。每日终了，应当结出余额。

“收入户存款日记账”应当定期与“银行对账单”核对，至少每月核对一次。月度终了，收入户存款账面余额与银行对账单余额之间如有差额，应当逐笔查明原因进行处理，并按月编制“银行收入户存款余额调节表”，调节相符。

五、收入户存款应当按规定定期划转财政专户。划转后，本科目期末一般应无余额。

1003　财政专户存款

一、本科目核算社会保险基金按规定存入财政专户的款项。

二、经办机构应当严格按照社会保险基金相关管理和财务制度规定办理财政专户相关业务。

三、本科目可以根据实际情况按照开户银行、活期定期存款、存储期限等进行明细核算。

四、财政专户存款的主要账务处理如下：

（一）按规定财政专户接收税务机关或经办机构缴入的社会保险费收入、接收税务机关、收入户及支出户缴入的利息收入、接收委托投资运营资金、接收委托投资收益、接收财政补贴收入、接收转移收入、接收上级财政专户划拨或下级财政专户上解基金、接收跨省异地就医资金等时，按照实际收到金额，借记本科目，贷记相关科目。

（二）按规定从财政专户向上级或下级财政专户上缴或划拨基金、根据经办机构用款计划和预算向支出户拨付基金、拨付委托投资运营资金、支付跨省异地就医资金等时，按照实际上缴、划拨或支付金额，借记相关科目，贷记本科目。

五、本科目应当按照开户银行设置“财政专户存款日记账”，由出纳人员根据收付款凭证，逐笔顺序登记。每日终了，应当结出余额。

“财政专户存款日记账”应当定期与财政部门核对，至少每月核对一次。月度终了，财政专户存款账面余额与财政部门提供的对账凭证余额之间如有差额，应当逐笔查明原因进行处理，并按月编制“财政专户存款余额调节表”，调节相符。

六、本科目期末借方余额，反映社会保险基金财政专户存款余额。

1004　支出户存款

一、本科目核算社会保险基金按规定存入支出户的款项。

二、经办机构应当严格按照社会保险基金相关管理和财务制

度规定设置基金支出户并办理支出户相关业务。

三、支出户存款的主要账务处理如下：

（一）按规定支出户接收财政专户拨入基金、接收上级经办机构拨付基金、接收支出户利息收入等时，按照实际收到的金额，借记本科目，贷记相关科目。接收原渠道退回支付资金时，按照实际收到的金额，借记本科目，贷记相关科目。

（二）按规定从支出户支付基金支出款项、向财政专户缴入该账户利息收入、上解上级经办机构基金或下拨下级经办机构基金等时，按照实际支付金额，借记相关科目，贷记本科目。

四、本科目应当按照开户银行设置“支出户存款日记账”，由出纳人员根据收付款凭证，逐笔顺序登记。每日终了，应当结出余额。

“支出户存款日记账”应当定期与“银行对账单”核对，至少每月核对一次。月度终了，支出户存款账面余额与银行对账单余额之间如有差额，应当逐笔查明原因进行处理，并按月编制“银行支出户存款余额调节表”，调节相符。

五、本科目期末借方余额，反映社会保险基金支出户存款余额。

1005　国库存款

一、本科目核算税务机关征收的存入国库、尚未转入财政专户的社会保险费款项。

二、国库存款的主要账务处理如下：

（一）税务机关将征收的社会保险费存入国库，经办机构根据取得的相关凭证，借记本科目，贷记“社会保险费收入”科目。

（二）按规定将国库存款转入财政专户，经办机构根据实际转入的金额，借记“财政专户存款”科目，贷记本科目。

（三）收到国库存款利息，按照实际收到的金额，借记本科目，贷记“利息收入”科目。

三、国库存款应当按规定定期划转财政专户。划转后，本科目期末一般应无余额。

1101　暂付款

一、本科目核算社会保险基金业务活动中形成的各类暂付、应收款项，包括各类预付、预拨、先行支付、垫付款项等。

企业职工、城乡居民、机关事业单位基本养老保险基金向上级基金归集的委托投资资金，以及职工、城乡居民基本医疗保险基金跨省异地就医的预付资金，通过本科目核算。

新型农村合作医疗基金在风险基金实行省级统一管理的统筹地区，缴存省级财政专户的风险基金，通过本科目核算。

基本医疗保险基金、工伤保险基金按规定先行支付的医疗、工伤保险待遇支出通过本科目核算。

二、本科目应当按照暂付款种类和对方单位或个人进行明细核算。

对于企业职工、城乡居民、机关事业单位基本养老保险基金向上级基金归集的委托投资资金，应当在本科目下设置“委托上级投资”明细科目，并在该明细科目下设置“本金”“利息”“投资收益”明细科目，分别核算向上级基金归集的委托投资资金的本金、委托投资资金所产生的存款利息、投资收益。

对于职工、城乡居民基本医疗保险基金跨省异地就医的预付资金，应当在本科目下设置“异地就医预付金”明细科目，并在该明细科目下按照预付对方地区进行明细核算，核算参保地区向就医地区划拨的跨省异地就医预付资金。

新型农村合作医疗基金在风险基金实行省级统一管理的统筹地区，应当在本科目下设置“缴存风险基金”明细科目。

三、暂付款的主要账务处理如下：

（一）企业职工、城乡居民、机关事业单位基本养老保险基金将委托投资资金归集到上级基金，按照实际划出的金额，借记本科目（委托上级投资——本金），贷记“财政专户存款”科目。非省级基金收到归集到上级基金的委托投资资金的存款利息通知，按照应确认的总金额，借记本科目（委托上级投资——利息），按照本级委托投资资金产生的利息金额，贷记“利息收入”科目，按照下级归集的委托投资资金产生的利息金额，贷记“暂收款——下级归集委托投资（利息）”科目。

非省级基金收到归集到上级基金的委托投资资金的投资收益通知，按照应确认的投资收益或投资损失金额，借记或贷记本科目（委托上级投资——投资收益），按照本级委托投资资金形成的投资收益或投资损失金额，贷记或借记“委托投资收益”科目，按照下级归集的委托投资资金形成的投资收益或投资损失金额，贷记或借记“暂收款——下级归集委托投资（投资收益）”科目。

收到上级基金划回的委托投资资金本金、利息和投资收益，按照实际收到的金额，借记“财政专户存款”科目，按照应收回的委托投资资金本金金额，贷记本科目（委托上级投资——本金），按照应收回的委托投资资金存款利息金额，贷记本科目（委托上级投资——利息），按照实际收回的金额与应收回的委托投资资金本金和利息之间的差额，贷记或借记本科目（委托上级投资——投资收益）。

（二）职工、城乡居民基本医疗保险基金参保省非省级经办机构向上级经办机构上解本级跨省异地就医预付金，按照实际上解的金额，借记本科目（异地就医预付金），贷记“财政专户存款”等科目。

参保省省级经办机构向就医省省级经办机构拨付省本级的异地就医预付金，按照实际拨付的金额，借记本科目（异地就医预付金），贷记“财政专户存款”等科目。

参保省各级经办机构收到退回的归属本级基金的跨省异地就医预付金，按照实际收到的金额，借记“财政专户存款”等科目，贷记本科目（异地就医预付金）。

（三）新型农村合作医疗基金在风险基金实行省级统一管理的统筹地区，按规定将风险基金缴存省级财政专户，按照实际缴存的金额，借记本科目（缴存风险基金），贷记“财政专户存款”科目。

风险基金由省级财政专户拨回，按照实际收到的金额，借记“财政专户存款”科目，贷记本科目（缴存风险基金）。

（四）支付其他各类预付、预拨、先行支付、垫付等款项，按照实际支付的金额，借记本科目，贷记“支出户存款”“财政专户存款”科目。

收回、结算各类预付、预拨、先行支付、垫付等款项，按照实际收回或结算的金额，借记“收入户存款”“财政专户存款”、“支出户存款”“社会保险待遇支出”等科目，贷记本科目。

（五）因债务人等特殊原因确实无法收回的暂付款，按照报经批准后列作其他支出的金额，借记“其他支出”科目，贷记本科目。

四、本科目期末借方余额，反映社会保险基金尚未结清的暂付款项。

1201　债券投资

一、本科目核算社会保险基金按规定购入国债的成本。

二、本科目应当按照国债的种类设置明细账，进行明细核算。

三、债券投资的主要账务处理如下：

（一）按规定购买国债，按照实际支付的金额（包括购买价款以及税金、手续费等相关税费），借记本科目，贷记“财政专户存款”科目。

（二）到期收回国债本息或按规定转让国债，按照实际收回或收到的金额，借记“财政专户存款”科目，按照债券账面余额，贷记本科目，按照其差额，贷记“利息收入”科目。

四、本科目期末借方余额，反映社会保险基金持有的国债购入成本。

1202　委托投资

一、本科目核算企业职工、城乡居民、机关事业单位基本养老保险基金的省级基金按规定及委托投资合同约定划拨给受托机构的委托投资资金本金，以及委托投资资金形成的投资收益或投资损失。

二、本科目应当设置“本金”“投资收益”两个明细科目，并按照受托机构、委托投资资金来源等进行明细核算。

三、委托投资的主要账务处理如下：

（一）省级基金从财政专户向受托机构划拨委托投资资金，按照实际划转的金额，借记本科目（本金），贷记“财政专户存款”科目。

（二）省级基金收到受托机构提供的关于委托投资资金投资收益的相关通

知，按照应确认的投资收益或投资损失金额，借记或贷记本科目（投资收益），按照本级委托投资资金形成的投资收益或投资损失金额，贷记或借记“委托投资收益”科目，按照下级归集的委托投资资金形成的投资收益或投资损失金额，贷记或借记“暂收款——下级归集委托投资（投资收益）”科目。

（三）省级基金收回委托投资资金的本金和投资收益，按照实际转入的金额，借记“财政专户存款”科目，按照应收回的委托投资本金金额，贷记本科目（本金），按照实际收回的金额与应收回的委托投资资金本金之间的差额，贷记或借记本科目（投资收益）。

（四）省级基金将已确认的委托投资收益转作委托投资本金，按照实际划转的金额，借记本科目（本金），贷记本科目（投资收益）。

四、本科目期末借方余额，反映企业职工、城乡居民、机关事业单位基本养老保险基金省级委托投资资金的本金及投资损益余额。

二、负债类

2001　暂收款

一、本科目核算社会保险基金业务活动中形成的各类暂收款项。

企业职工、城乡居民、机关事业单位基本养老保险基金收到下级归集的委托投资资金，以及职工、城乡居民基本医疗保险基金跨省异地就医的预收和清算资金，通过本科目核算。

新型农村合作医疗基金在风险基金实行省级统一管理的统筹地区，省级财政专户收到的风险基金，通过本科目核算。

二、本科目应当按照暂收款的种类和对方单位或个人进行明细核算。

对于企业职工、城乡居民、机关事业单位基本养老保险基金收到下级归集的委托投资资金，应当在本科目下设置“下级归集委托投资”明细科目，并在该明细科目下设置“本金”“利息”“投资收益”明细科目，分别核算下级归集的委托投资资金本金、委托投资资金产生的存款利息、投资收益。

对于职工、城乡居民基本医疗保险基金跨省异地就医的预付和清算资金，应当在本科目下设置“异地就医预付金”“异地就医清算资金”和“异地就医资金”明细科目，其中，“异地就医预付金”“异地就医清算资金”明细科目分别用于核算参保地区上级经办机构收到下级经办机构归集的异地就医预付金、清算资金，“异地就医资金”明细科目用于核算就医地区接收参保地区划拨的异地就医预付金和清算资金。

新型农村合作医疗基金在风险基金实行省级统一管理的统筹地区，应当在本科目下设置“缴存风险基金”明细科目。

三、暂收款的主要账务处理如下：

（一）企业职工、城乡居民、机关事业单位基本养老保险基金收到下级归集的委托投资资金，按照实际收到的金额，借记“财政专户存款”科目，贷记本科目（下级归集委托投资——本金）。

省级基金收到下级基金归集的委托投资资金所产生的存款利息，根据实际收到的金额，借记“财政专户存款”科目，贷记本科目（下级归集委托投资——利息）。

省级基金收到受托机构提供的关于委托投资资金投资收益的相关通知，按照应确认的投资收益或投资损失金额，借记或贷记“委托投资——投资收益”科目，按照本级委托投资资金形成的投资收益或投资损失金额，贷记或借记“委托投资收益”科目，按照下级归集的委托投资资金形成的投资收益或投资损失金额，贷记或借记本科目（下级归集委托投资——投资收益）。

非省级基金收到归集到上级基金的委托投资资金的存款利息通知，按照应确认的总金额，借记“暂付款——委托上级投资（利息）”科目，按照本级委托投资资金产生的利息金额，贷记“利息收入”科目，按照下级归集的委托投资资金产生的利息金额，贷记本科目（下级归集委托投资——利息）。

非省级基金收到归集到上级基金的委托投资资金的投资收益通知，按照应确认的投资收益或投资损失金额，借记或贷记“暂付款——委托上级投资（投资收益）”科目，按照本级委托投资资金形成的投资收益或投资损失金额，贷记或借记“委托投资收益”科目，按照下级归集的委托投资资金形成的投资收益或投资损失金额，贷记或借记本科目（下级归集委托投资——投资收益）。

向下级基金返还归集的委托投资资金本金、利息和投资收益，按照应返还委托投资资金本金的金额，借记本科目（下级归集委托投资——本金），按照应返还委托投资资金的存款利息金额，借记本科目（下级归集委托投资——利息），按照实际返还金额与应返还的委托投资资金本金和利息之间的差额，借记或贷记本科目（下级归集委托投资——投资收益），按照实际返还的金额，贷记“财政专户存款”科目。

（二）职工、城乡居民基本医疗保险基金参保省非省级经办机构收到下级经办机构归集的跨省异地就医预付金，按照实际收到的金额，借记“财政专户存款”等科目，贷记本科目（异地就医预付金）。非省级经办机构向上级经办机构上解收到的下级经办机构归集的预付金，按照实际上解的金额，借记本科目（异地就医预付金），贷记“财政专户存款”等科目。

参保省省级经办机构收到下级经办机构归集的跨省异地就医预付金，按照实际收到的金额，借记“财政专户存款”等科目，贷记本科目（异地就医预付金）。省级经办机构向就医省省级经办机构拨付收到的下级经办机构归集的跨省异地就医预付金，按照实际拨付的金额，借记本科目（异地就医预付金），贷记“财政专户存款”等科目。

参保省省级经办机构收到就医省省级经办机构退回的跨省异地就医预付金，按照属于下级基金的跨省异地就医预付金金额，借记“财政专户存款”等科目，贷记本科目（异地就医预付金）。参保省省级经办机构向下级经办机构拨付退回的属于下级基金的跨省异地就医预付金，按照实际拨付的金额，借记本科目（异地就医预付金），贷记“财政专户存款”等科目。

参保省非省级经办机构收到上级经办机构退回的跨省异地就医预付金，按照属于下级基金的跨省异地就医预付金金额，借记“财政专户存款”等科目，贷记本科目（异地就医预付金）。非省级经办机构向下级经办机构拨付退回的属于下级基金的跨省异地就医预付金，按照实际拨付的金额，借记本科目（异地就医预付金），贷记“财政专户存款”等科目。

参保省非省级经办机构收到下级经办机构归集的跨省异地就医清算资金，按照实际收到的金额，借记“财政专户存款”等科目，贷记本科目（异地就医清算资金）。非省级经办机构向上级经办机构上解收到的下级经办机构归集的跨省异地就医清算资金，按照实际上解的金额，借记本科目（异地就医清算资金），贷记“财政专户存款”等科目。

参保省省级经办机构收到下级经办机构归集的跨省异地就医清算资金，按照实际收到的金额，借记“财政专户存款”等科目，贷记本科目（异地就医清算资金）。参保省省级经办机构向就医省省级经办机构拨付收到的下级经办机构归集的跨省异地就医清算资金，按照实际拨付的金额，借记本科目（异地就医清算资金），贷记“财政专户存款”等科目。

（三）职工、城乡居民基本医疗保险基金就医省省级经办机构收到参保省省级经办机构划拨的跨省异地就医预付金和清算资金，按照实际收到的金额，借记“财政专户存款”等科目，贷记本科目（异地就医资金）。就医省省级经办机构向参保省省级经办机构退回的跨省异地就医预付金，按照实际退回的金额，借记本科目（异地就医资金），贷记“财政专户存款”等科目。

就医省上级经办机构向下级经办机构划拨预付金，用于向定点医疗机构结算跨省异地就医人员医疗费用时，按照实际划拨的金额，借记本科目（异地就医资金），贷记“财政专户存款”等科目。

就医省下级经办机构收到上级经办机构划拨的预付金，按照实际收到的金额，借记“财政专户存款”等科目，贷记本科目（异地就医资金）。

就医省经办机构向定点医疗机构结算跨省异地就医人员发生的医疗费用，按照实际结算的金额，借记本科目（异地就医资金），贷记“财政专户存款”等科目。

（四）新型农村合作医疗基金省级基金收到下级基金按规定缴入省级财政专户的风险基金，按照实际缴存的金额，借记“财政专户存款”科目，贷记本科目（缴存风险基金）。

（五）取得其他暂收款项，按照实际收到的金额，借记“财政专户存款”等科目，贷记本科目。

偿付或结清暂收款项，按照实际偿付或结清的金额，借记本科目，贷记“支出户存款”“财政专户存款”等科目。

（六）因债权人等特殊原因确实无法偿付的暂收款项，按照报经批准后确认为其他收入的金额，借记本科目，贷记“其他收入”科目。

四、本科目期末贷方余额，反映社会保险基金尚未偿付或结清的暂收款项。

2101　借入款项

一、本科目核算社会保险基金运行过程中形成的借入款项。

二、本科目应当按照借入款项对方单位或个人进行明细核算。

三、借入款项的主要账务处理如下：

（一）借入款项时，按照实际收到的金额，借记“财政专户存款”科目，贷记本科目。

（二）归还借款本息时，按照实际支付的本金金额，借记本科目，按照实际支付的利息金额，借记“其他支出”科目，按照实际支付的本息合计金额，贷记“财政专户存款”科目。

（三）借入款项由财政代为偿还时，按照实际偿还金额，借记本科目，贷记“财政补贴收入”科目。

（四）因债权人等特殊原因确实无法偿付的，按照报经批准后确认为其他收入的金额，借记本科目，贷记“其他收入”科目。

四、本科目期末贷方余额，反映社会保险基金尚未偿付的借入款项。

三、净资产类

3001　一般基金结余

一、本科目核算社会保险基金历年累积的基金收支相抵后的除风险基金、储备金等特定用途基金外的基金结余。

二、对于职工基本医疗保险基金，应当在本科目下设置“统筹基金”“个人账户基金”明细科目。

三、一般基金结余的主要账务处理如下：

（一）期末，将各收入类科目本期发生额转入本科目，借记各收入类科目，贷记本科目。

“委托投资收益”科目结转前如为借方余额，则借记本科目，贷记“委托投资收益”科目。

对于职工基本医疗保险基金，应当将“财政补贴收入”科目本期发生额以及“社会保险费收入”“利息收入”“上级补助收入”“下级上解收入”“其他收入”科目所属“统筹基金”明细科目的本期发生额转入本科目（统筹基金），借记“财政补贴收入”“社会保险费收入——统筹基金”“利息收入——统筹基金”“上级补助收入——统筹基金”“下级上解收入——统筹基金”“其他收入——统筹基金”科目，贷记本科目（统筹基金）；将“转移收入”科目本期发生额以及“社会保险费收入”“利息收入”“上级补助收入”“下级上解收入”“其他收入”科目所属“个人账户基金”明细科目的本期发生额转入本科目（个人账户基金），借记“转移收入”“社会保险费收入——个人账户基金”“利息收入——个人账户基金”“上级补助收入——个人账户基金”“下级上解收入——个人账户基金”“其他收入——个人账户基金”科目，贷记本科目（个人账户基金）。

（二）期末，将各支出类科目本期发生额转入本科目，借记本科目，贷记各支出类科目。

对于职工基本医疗保险基金，应当将“社会保险待遇支出”“上解上级支出”“补助下级支出”、“其他支出”科目所属“统筹基金”明细科目的本期发生额转入本科目（统筹基金），借记本科目（统筹基金），贷记“社会保险待遇支出——统筹基金”“上解上级支出——统筹基金”“补助下级支出——统筹基金”“其他支出——统筹基金”科目；将“转移支出”科目本期发生额以及“社会保险待遇支出”“上解上级支出”“补助下级支出”“其他支出”科目所属“个人账户基金”明细科目的本期发生额转入本科目（个人账户基金），借记本科目（个人账户基金），贷记“转移支出”“社会保险待遇支出——个人账户基金”“上解上级支出——个人账户基金”“补助下级支出——个人账户基金”“其他支出——个人账户基金”科目。

（三）新型农村合作医疗基金统筹地区提取风险基金，按照提取的金额，借记本科目，贷记“风险基金结余”科目。

风险基金转入一般基金结余时，按照实际划转金额，借记“风险基金结余”科目，贷记本科目。

（四）工伤保险基金提取储备金，按照提取的金额，借记本科目，贷记“储备金结余”科目。

储备金转入一般基金结余时，按照实际划转金额，借记“储备金结余”科目，贷记本科目。

四、本科目期末贷方余额，反映期末除风险基金、储备金等特定用途基金外的基金结余。

3101　风险基金结余

一、本科目核算新型农村合作医疗基金按规定提取的风险基金。

二、风险基金结余的主要账务处理如下：

（一）提取风险基金，按照提取的金额，借记“一般基金结余”科目，贷记本科目。

（二）风险基金转入一般基金结余时，按照实际划转金额，借记本科目，贷记“一般基金结余”科目。

三、本科目期末贷方余额，反映新型农村合作医疗基金提取的风险基金累计结余。

3201 储备金结余

一、本科目核算工伤保险基金按规定提取的储备金。

二、储备金结余的主要账务处理如下：

（一）提取储备金，按照提取的金额，借记“一般基金结余”科目，贷记本科目。

（二）储备金转入一般基金结余时，按照实际划转金额，借记本科目，贷记“一般基金结余”科目。

三、本科目期末贷方余额，反映工伤保险基金提取的储备金累计结余。

四、收入类

4001 社会保险费收入

一、本科目核算用人单位和个人按规定缴纳的各险种社会保险基金的保险费收入，以及其他资金（含财政资金）代参保对象缴纳的社会保险费收入。

二、本科目可以按照当期、预缴、清欠、补缴等不同性质的缴费收入进行明细核算。

对于职工基本医疗保险基金，应当在本科目下设置“统筹基金”“个人账户基金”明细科目，分别核算计入职工基本医疗保险基金统筹基金和个人账户基金的社会保险费收入，并可在“统筹基金”“个人账户基金”明细科目下按照当期、预缴、清欠、补缴等进行明细核算。

三、社会保险费收入的主要账务处理如下：

（一）收到用人单位和个人缴纳的保险费，按照实际收到的金额，借记“收入户存款”“国库存款”“财政专户存款”科目，贷记本科目。

（二）退回本年社会保险费收入，按照退回的金额，借记本科目，贷记“收入户存款”“支出户存款”等科目。

（三）期末，将本科目本期发生额转入“一般基金结余”科目，借记本科目，贷记“一般基金结余”科目。

对于职工基本医疗保险基金，应当将本科目“统筹基金”“个人账户基金”明细科目本期发生额分别转入“一般基金结余”科目下“统筹基金”“个人账户基金”明细科目，借记本科目（统筹基金、个人账户基金），贷记“一般基金结余——统筹基金、个人账户基金”科目。

四、期末结账后，本科目应无余额。

4101　财政补贴收入

一、本科目核算财政给予社会保险基金的补助、对参保人员的缴费补贴、对参保对象的待遇支出补助等。

二、本科目应当按照社会保险基金相关管理和财务制度的规定设置明细科目。

三、财政补贴收入的主要账务处理如下：

（一）收到财政补贴时，按照实际收到的金额，借记“财政专户存款”科目，贷记本科目。

（二）期末，将本科目本期发生额转入“一般基金结余”科目，借记本科目，贷记“一般基金结余”科目。

对于职工基本医疗保险基金，应当将本科目本期发生额转入“一般基金结余”科目下“统筹基金”明细科目，借记本科目，贷记“一般基金结余——统筹基金”科目。

四、期末结账后，本科目应无余额。

4102　集体补助收入

一、本科目核算村（社区）等集体经济组织对城乡居民基本养老保险基金参保人的补助收入。

二、集体补助收入的主要账务处理如下：

（一）收到集体补助收入时，按照实际收到的金额，借记“收入户存款”等科目，贷记本科目。

（二）期末，将本科目本期发生额转入“一般基金结余”科目，借记本科目，贷记“一般基金结余”科目。

三、期末结账后，本科目应无余额。

4201 利息收入

一、本科目核算社会保险基金的收入户、财政专户、支出户、国库存款和企业职工、城乡居民、机关事业单位基本养老保险基金归集到上级的委托投资资金取得的存款利息收入，以及社会保险基金购买国债取得的利息收入。

二、本科目应当按照利息种类设置“存款利息”“债券利息”明细科目。

对于职工基本医疗保险基金，应当在本科目下设置“统筹基金”“个人账户基金”明细科目，分别核算计入职工基本医疗保险基金统筹基金和个人账户基金的利息收入，并在“统筹基金”“个人账户基金”明细科目下设置“存款利息”“债券利息”明细科目。

三、利息收入的主要账务处理如下：

（一）收到收入户、支出户、财政专户、国库存款利息，按照实际收到的利息金额，借记“收入户存款”“支出户存款”“财政专户存款”“国库存款”科目，贷记本科目。

（二）对于省级企业职工、城乡居民、机关事业单位基本养老保险基金，收到财政专户存款利息时，按照实际收到的利息金额，借记“财政专户存款”科目，按照财政专户存款中下级归集的委托投资资金所产生的存款利息金额，贷记“暂收款——下级归集委托投资（利息）”科目，按照归属于本级的财政专户存款利息金额，贷记本科目。

非省级企业职工、城乡居民、机关事业单位基本养老保险基金确认归集到上级的委托投资资金产生的存款利息，按照确认的金额，借记“暂付款——委托上级投资（利息）”科目，按照本级委托投资资金产生的利息金额，贷记本科目，按照下级归集的委托投资资金产生的利息金额，贷记“暂收款——下级归集委托投资（利息）”科目。

（三）收到购买的国债的利息，按照实际收到的利息金额，借记“财政专户存款”科目，贷记本科目。

（四）到期收回国债本息或按规定转让，按照实际收回或收到的金额，借记“财政专户存款”科目，按照债券账面余额，贷记“债券投资”科目，按照其差额，贷记本科目。

（五）期末，将本科目本期发生额转入“一般基金结余”科目，借记本科目，贷记“一般基金结余”科目。

对于职工基本医疗保险基金，应当将本科目“统筹基金”“个人账户基金”明细科目本期发生额分别转入“一般基金结余”科目下“统筹基金”“个人账户基金”明细科目，借记本科目（统筹基金、个人账户基金），贷记“一般基金结余——统筹基金、个人账户基金”科目。

四、期末结账后，本科目应无余额。

4202 委托投资收益

一、本科目核算企业职工、城乡居民、机关事业单位基本养老保险基金按照国家有关规定，委托国家授权的投资管理机构进行投资运营所取得的净收益或发生的净损失。

二、委托投资收益的主要账务处理如下：

（一）省级基金收到受托机构提供的关于委托投资资金投资收益的相关通知，按照应确认的投资收益或投资损失金额，借记或贷记“委托投资——投资收益”科目，按照本级委托投资资金形成的投资收益或投资损失金额，贷记或借记本科目，按照下级归集的委托投资资金形成的投资收益或投资损失金额，贷记或借记“暂收款——下级归集委托投资（投资收益）”科目。

（二）非省级基金收到上级关于委托投资资金投资收益的相关通知，按照应确认的投资收益或投资损失金额，借记或贷记“暂付款——委托上级投资（投资收益）”科目，按照本级委托投资资金形成的投资收益或投资损失金额，贷记或借记本科目，按照下级归集的委托投资资金形成的投资收益或投资损失金额，贷记或借记“暂收款——下级归集委托投资（投资收益）”科目。

（三）期末，将本科目本期发生额转入“一般基金结余”科目，借记或贷记本科目，贷记或借记“一般基金结余”科目。

三、期末结账后，本科目应无余额。

4301 转移收入

一、本科目核算因参保对象跨统筹地区或跨制度流动而划入的基金收入。

二、转移收入的主要账务处理如下：

（一）因参保对象跨统筹地区或跨制度流动而划入的基金，按照实际转入的金额，借记“收入户存款”等科目，贷记本科目。

（二）退回转移收入时，按照实际退回的金额，借记本科目，贷记“收入户存款”等科目。

（三）期末，将本科目本期发生额转入“一般基金结余”科目，借记本科目，贷记“一般基金结余”科目。

对于职工基本医疗保险基金，应当将本科目本期发生额转入“一般基金结余”科目下“个人账户基金”明细科目，借记本科目，贷记“一般基金结余——个人账户基金”科目。

三、期末结账后，本科目应无余额。

4401　上级补助收入

一、本科目核算下级基金接收上级基金拨付的补助收入。

二、对于职工基本医疗保险基金，应当在本科目下设置“统筹基金”“个人账户基金”明细科目，分别核算计入职工基本医疗保险基金统筹基金、个人账户基金的上级补助收入。

三、上级补助收入的主要账务处理如下：

（一）收到上级基金拨付的补助资金，按照实际收到的金额，借记“收入户存款”“支出户存款”“财政专户存款”等科目，贷记本科目。

（二）期末，将本科目本期发生额转入“一般基金结余”科目，借记本科目，贷记“一般基金结余”科目。

对于职工基本医疗保险基金，应当将本科目“统筹基金”“个人账户基金”明细科目本期发生额分别转入“一般基金结余”科目下“统筹基金”“个人账户基金”明细科目，借记本科目（统筹基金、个人账户基金），贷记“一般基金结余——统筹基金、个人账户基金”科目。

四、期末结账后，本科目应无余额。

4402　下级上解收入

一、本科目核算上级基金接收下级基金上解的基金收入。

二、对于职工基本医疗保险基金，应当在本科目下设置“统筹基金”“个人账户基金”明细科目，分别核算计入职工基本医疗保险基金统筹基金、个人账户基金的下级上解收入。

三、下级上解收入的主要账务处理如下：

（一）收到下级上解的基金收入，按照实际收到的金额，借记“收入户存款”“财政专户存款”科目，贷记本科目。

（二）期末，将本科目本期发生额转入“一般基金结余”科目，借记本科目，贷记“一般基金结余”科目。

对于职工基本医疗保险基金，应当将本科目“统筹基金”“个人账户基金”明细科目本期发生额分别转入“一般基金结余”科目下“统筹基金”“个人账户基金”明细科目，借记本科目（统筹基金、个人账户基金），贷记“一般基金结余——统筹基金、个人账户基金”科目。

四、期末结账后，本科目应无余额。

4501 其他收入

一、本科目核算除社会保险费收入、财政补贴收入、集体补助收入、利息收入、委托投资收益、转移收入、上级补助收入、下级上解收入外的收入，如社会保险基金取得的滞纳金、违约金、跨年度退回或追回的社会保险待遇、公益慈善等社会经济组织和个人捐助，以及其他经统筹地区财政部门核准的收入等。

二、对于职工基本医疗保险基金，应当在本科目下设置“统筹基金”“个人账户基金”明细科目，分别核算计入职工基本医疗保险基金统筹基金、个人账户基金的其他收入。

三、其他收入的主要账务处理如下：

（一）取得滞纳金、违约金、跨年度退回或追回的社会保险待遇、公益慈善等社会经济组织和个人捐助等时，按照实际收到的金额，借记“收入户存款”“财政专户存款”等科目，贷记本科目。

（二）企业职工基本养老保险基金以其社会保险待遇支出抵扣参保人重复领取的城乡居民基本养老保险基金社会保险待遇支出，城乡居民基本养老保险基金按照实际收到的退回金额，借记“收入户存款”等科目，贷记本科目。

（三）因债权人等特殊原因确实无法偿付的暂收款项、借入款项，按照报经批准后确认为其他收入的金额，借记“暂收款”“借入款项”科目，贷记本科目。

（四）期末，将本科目本期发生额转入“一般基金结余”科目，借记本科目，贷记“一般基金结余”科目。

对于职工基本医疗保险基金，应当将本科目“统筹基金”“个人账户基金”明细科目本期发生额分别转入“一般基金结余”科目下“统筹基金”“个人账户基金”明细科目，借记本科目（统筹基金、个人账户基金），贷记“一般基金结余——统筹基金、个人账户基金”科目。

四、期末结账后，本科目应无余额。

4601　待转社会保险费收入

一、本科目核算职工基本医疗保险基金收到的尚未确定归属于统筹基金或个人账户基金的社会保险费收入。

二、待转社会保险费收入的主要账务处理如下：

（一）收到社会保险费收入时尚未确定归属于统筹基金或个人账户基金，按照实际收到的金额，借记“收入户存款”“国库存款”等科目，贷记本科目。

（二）确定待转社会保险费收入归属后，按照确定归属的总金额，借记本科目，按照应计入统筹基金的金额，贷记“社会保险费收入——统筹基金”科目，按照应计入个人账户基金的金额，贷记“社会保险费收入——个人账户基金”科目。

（三）年末，对于未确定归属的社会保险费收入，按规定将本科目余额按经验比例划分于统筹基金和个人账户基金，按照本科目余额，借记本科目，按照划入统筹基金的金额，贷记“社会保险费收入——统筹基金”科目，按照划入个人账户基金的金额，贷记“社会保险费收入——个人账户基金”科目。

（四）上年年末按经验比例划分于统筹基金和个人账户基金的待转社会保险费收入在本年确定其划分比例时，应当按照确定的应计入“社会保险费收入——统筹基金”科目的金额大于或小于上年年末按经验比例已计入“社会保险费收入——统筹基金”科目的金额的差额，借记或贷记“一般基金结余——个人账户基金”科目，贷记或借记“一般基金结余——统筹基金”科目。

三、本科目月末贷方余额，反映自年初至本月末尚未确定归属于职工基本医疗保险基金统筹基金和个人账户基金的社会保险费收入。年度终了结账后，本科目应无余额。

4602　待转利息收入

一、本科目核算职工基本医疗保险基金收到的尚未确定归属于统筹基金或个人账户基金的利息收入。

二、待转利息收入的主要账务处理如下：

（一）收到利息收入时尚未确定归属于统筹基金或个人账户基金，按照实际收到的金额，借记“收入户存款”“财政专户存款”“支出户存款”“国库存款”科目，贷记本科目。

（二）确定待转利息收入归属后，按照确定归属的总金额，借记本科目，按照应计入统筹基金的金额，贷记“利息收入——统筹基金”科目，按照应计入个人账户基金的金额，贷记“利息收入——个人账户基金”科目。

（三）年末，对于未确定归属的利息收入，按规定将本科目余额按经验比例划分于统筹基金和个人账户基金，按照本科目余额，借记本科目，按照划入统筹基金的金额，贷记“利息收入——统筹基金”科目，按照划入个人账户基金的金额，贷记“利息收入——个人账户基金”科目。

（四）上年年末按经验比例划分于统筹基金和个人账户基金的待转利息收入在本年确定其划分比例时，应当按照确定的应计入“利息收入——统筹基金”科目的金额大于或小于上年年末按经验比例已计入“利息收入——统筹基金”科目的金额的差额，借记或贷记“一般基金结余——个人账户基金”科目，贷记或借记“一般基金结余——统筹基金”科目。

三、本科目月末贷方余额，反映自年初至本月末尚未确定归属于职工基本医疗保险基金统筹基金和个人账户基金的利息收入。年度终了结账后，本科目应无余额。

五、支出类

5001 社会保险待遇支出

一、本科目核算按规定支付给社会保险对象的待遇支出，包括为特定人群缴纳社会保险费形成的支出。

二、本科目应当按照社会保险基金相关管理和财务制度规定设置明细科目。

（一）对于企业职工基本养老保险基金，应当在本科目下设置“基本养老金”“医疗补助金”“丧葬补助金和抚恤金”“病残津贴”等明细科目。

在“基本养老金”明细科目下设置“基础养老金”“个人账户养老金”“过渡性养老金”“离休金”“退休金”“退职金”“补贴”等明细科目。

在“个人账户养老金”明细科目下设置“按月支付”和“一次性支出”明细科目。

（二）对于城乡居民基本养老保险基金，应当在本科目下设置“基础养老金”“个人账户养老金”“丧葬补助金”等明细科目。

在“个人账户养老金”明细科目下设置“按月支付”和“一次性支出”明细科目。

（三）对于机关事业单位基本养老保险基金，应当在本科目下设置“基本养老金”“丧葬补助金和抚恤金”“病残津贴”等明细科目。

在“基本养老金”明细科目下设置“基础养老金”“个人账户养老金”“过渡性养老金”“退休（职）费”“病退生活费”“补差资金”等明细科目。

在“个人账户养老金”明细科目下设置“按月支付”和“一次性支出”明细科目。

（四）对于职工基本医疗保险基金，应当在本科目下设置“统筹基金”“个人账户基金”明细科目。

在“统筹基金”明细科目下设置“住院费用支出”“门诊大病费用支出”“门诊统筹费用支出”等明细科目；生育保险与职工基本医疗保险合并实施的统筹地区，还应当在“统筹基金”明细科目下设置“生育医疗费用支出”“生育津贴支出”等明细科目。在“个人账户基金”明细科目下设置“住院费用支出”“门诊费用支出”“药店医药费用支出”等明细科目。

（五）对于城乡居民基本医疗保险基金，应当在本科目下设置“住院费用支出”“门诊费用支出”“其他费用支出”等明细科目。

（六）对于工伤保险基金，应当在本科目下设置“工伤医疗待遇支出”“伤残待遇支出”“工亡待遇支出”等明细科目。

（七）对于失业保险基金，应当在本科目下设置“失业保险金支出”“基本医疗保险费支出”“丧葬补助金和抚恤金支出”“职业培训和职业介绍补贴支出”“其他费用支出”等明细科目，“其他费用支出”明细科目核算农民合同制工人一次性生活补助金和价格临时补贴支出及国家规定的其他费用。

（八）对于生育保险基金，应当在本科目下设置“生育医疗费用支出”“生育津贴支出”等明细科目。

三、社会保险待遇支出的主要账务处理如下：

（一）按规定支付社会保险待遇时，按照实际支付的金额，借记本科目，贷记“支出户存款”科目。

对于职工、城乡居民基本医疗保险基金，经办机构收到归属本级的跨省异地就医清算通知时，按照实际支付的清算金额，借记本科目，贷记“支出户存款”等科目。

（二）退回或追回本年社会保险待遇支出，按照实际收回的金额，借记“支出户存款”等科目，贷记本科目。

（三）期末，将本科目本期发生额转入“一般基金结余”科目，借记“一般基金结余”科目，贷记本科目。

对于职工基本医疗保险基金，应当将本科目“统筹基金”“个人账户基金”明细科目本期发生额分别转入“一般基金结余”科目下“统筹基金”“个人账户基金”明细科目，借记“一般基金结余——统筹基金、个人账户基金”科目，贷记本科目（统筹基金、个人账户基金）。

四、期末结账后，本科目应无余额。

5101　大病保险支出

一、本科目核算按规定从城乡居民基本医疗保险基金中划转资金用于城乡居民大病保险的支出。

建立职工基本医疗保险大病保险制度的地区，从职工基本医疗保险基金划转资金用于职工大病保险的支出，参照城乡居民基本医疗保险基金，通过本科目进行核算。

二、大病保险支出的主要账务处理如下：

（一）从城乡居民基本医疗保险基金中划转资金用于大病保险时，按照实际支付的金额，借记本科目，贷记“支出户存款”“财政专户存款”等科目。

（二）城乡居民基本医疗保险基金根据合同约定，因商业保险机构承办大病保险出现超过合同约定盈余而收到商业保险机构的盈余返还时，按照实际收到的金额，借记“收入户存款”“财政专户存款”等科目，贷记本科目。

城乡居民基本医疗保险基金根据合同约定，因基本医疗保险政策调整等政策性原因使商业保险机构承办大病保险发生亏损而向商业保险机构进行补偿时，按照实际支付的金额，借记本科目，贷记“支出户存款”“财政专户存款”等科目。

（三）期末，将本科目本期发生额转入“一般基金结余”科目，借记“一般基金结余”科目，贷记本科目。

三、期末结账后，本科目应无余额。

5102　劳动能力鉴定支出

一、本科目核算工伤保险基金支付的劳动能力鉴定支出。

二、劳动能力鉴定支出的主要账务处理如下：

（一）支付劳动能力鉴定支出时，按照实际支付的金额，借记本科目，贷记“支出户存款”等科目。

（二）期末，将本科目本期发生额转入“一般基金结余”科目，借记“一般基金结余”科目，贷记本科目。

三、期末结账后，本科目应无余额。

5103　工伤预防费用支出

一、本科目核算工伤保险基金用于工伤预防的宣传、培训等方面支出。

二、工伤预防费用支出的主要账务处理如下：

（一）支付工伤预防费用时，按照实际支付的金额，借记本科目，贷记“支出户存款”等科目。

（二）期末，将本科目本期发生额转入“一般基金结余”科目，借记“一般基金结余”科目，贷记本科目。

三、期末结账后，本科目应无余额。

5104　稳定岗位补贴支出

一、本科目核算失业保险基金按规定对稳定岗位的用人单位给予的补贴支出。

二、稳定岗位补贴支出的主要账务处理如下：

（一）支付稳定岗位补贴支出时，按照实际支付的金额，借记本科目，贷记“支出户存款”等科目。

（二）期末，将本科目本期发生额转入“一般基金结余”科目，借记“一般基金结余”科目，贷记本科目。

三、期末结账后，本科目应无余额。

5105　技能提升补贴支出

一、本科目核算失业保险基金按规定对符合条件的企业职工提升技能给予的补贴支出。

二、技能提升补贴支出的主要账务处理如下：

（一）支付技能提升补贴支出时，按照实际支付的金额，借记本科目，贷记“支出户存款”等科目。

（二）期末，将本科目本期发生额转入“一般基金结余”科目，借记“一般基金结余”科目，贷记本科目。

三、期末结账后，本科目应无余额。

5201 转移支出

一、本科目核算因参保对象跨统筹地区或跨制度流动而划出的基金。

二、转移支出的主要账务处理如下：

（一）因参保对象跨统筹地区或跨制度流动而划出的基金，按照实际转出的金额，借记本科目，贷记“支出户存款”等科目。

（二）收到退回的转移支出时，按照实际收到的金额，借记“收入户存款”“财政专户存款”等科目，贷记本科目。

（三）期末，将本科目本期发生额转入“一般基金结余”科目，借记“一般基金结余”科目，贷记本科目。

对于职工基本医疗保险基金，应当将本科目本期发生额转入“一般基金结余”科目下“个人账户基金”明细科目，借记“一般基金结余——个人账户基金”科目，贷记本科目。

三、期末结账后，本科目应无余额。

5301 上解上级支出

一、本科目核算下级基金上解上级基金的基金支出。

二、对于职工基本医疗保险基金，应当在本科目下设置“统筹基金”“个人账户基金”明细科目，分别核算计入职工基本医疗保险基金统筹基金、个人账户基金的上解上级支出。

三、上解上级支出的主要账务处理如下：

（一）向上级上解基金的支出，按照实际支付的金额，借记本科目，贷记“收入户存款”“支出户存款”“财政专户存款”科目。

（二）期末，将本科目本期发生额转入“一般基金结余”科目，借记“一般基金结余”科目，贷记本科目。

对于职工基本医疗保险基金，应当将本科目“统筹基金”“个人账户基金”明细科目本期发生额分别转入“一般基金结余”科目下“统筹基金”“个人账户基金”明细科目，借记“一般基金结余——统筹基金、个人账户基金”科目，贷记本科目（统筹基金、个人账户基金）。

四、期末结账后，本科目应无余额。

5302　补助下级支出

一、本科目核算上级基金拨付给下级基金的基金支出。

二、对于职工基本医疗保险基金，应当在本科目下设置“统筹基金”“个人账户基金”明细科目，分别核算计入职工基本医疗保险基金统筹基金、个人账户基金的补助下级支出。

三、补助下级支出的主要账务处理如下：

（一）向下级拨付补助支出，按照实际支付的金额，借记本科目，贷记“支出户存款”“财政专户存款”科目。

（二）期末，将本科目本期发生额转入“一般基金结余”科目，借记“一般基金结余”科目，贷记本科目。

对于职工基本医疗保险基金，应当将本科目“统筹基金”“个人账户基金”明细科目本期发生额分别转入“一般基金结余”科目下“统筹基金”“个人账户基金”明细科目，借记“一般基金结余——统筹基金、个人账户基金”科目，贷记本科目（统筹基金、个人账户基金）。

四、期末结账后，本科目应无余额。

5401　其他支出

一、本科目核算除社会保险待遇支出、大病保险支出、劳动能力鉴定支出、工伤预防费用支出、稳定岗位补贴支出、技能提升补贴支出、转移支出、上解上级支出、补助下级支出外经国务院批准或国务院授权省级人民政府批准开支的其他非社会保险待遇性质的支出。

二、对于职工基本医疗保险基金，应当在本科目下设置“统筹基金”“个人账户基金”明细科目，分别核算计入职工基本医疗保险基金统筹基金、个人账户基金的其他支出。

三、其他支出的主要账务处理如下：

（一）发生其他支出，按照报经批准后列作其他支出的金额，借记本科目，贷记相关科目。

（二）企业职工基本养老保险基金以其社会保险待遇支出抵扣参保人重复领取的城乡居民基本养老保险基金社会保险待遇支出，企业职工基本养老保险基金按照实际退回的金额，借记本科目，贷记“支出户存款”科目。

（三）退回以前年度社会保险费收入，按照实际支出的金额，借记本科目，贷记“支出户存款”科目。

（四）期末，将本科目本期发生额转入“一般基金结余”科目，借记“一般基金结余”科目，贷记本科目。

对于职工基本医疗保险基金，应当将本科目“统筹基金”“个人账户基金”明细科目本期发生额分别转入“一般基金结余”科目下“统筹基金”“个人账户基金”明细科目，借记“一般基金结余——统筹基金、个人账户基金”科目，贷记本科目（统筹基金、个人账户基金）。

四、期末结账后，本科目应无余额。

第四部分　财务报表格式

编号	财务报表名称	编制期
会社保 01 表	资产负债表	月度、年度
会社保 02 表	收支表	月度、年度

资产负债表

险种和制度：____________　　　　　　　　　　　　　　　　会社保 01 表

编制单位：________　　　　____年___月___日　　　　　　　　单位：元

资产	年初余额	期末余额	负债和净资产	年初余额	期末余额
一、资产：			二、负债：		
库存现金			暂收款		
收入户存款			其中：下级归集委托投资*		
财政专户存款			异地就医资金*		
支出户存款			借入款项		
国库存款			**负债合计**		
暂付款			三、净资产：		
其中：委托上级投资*			一般基金结余		
异地就医预付金*			（一）统筹基金*		
债券投资			（二）个人账户基金*		
委托投资*			（三）待转基金*		
			风险基金结余*		
			储备金结余*		
			净资产合计		
资产总计			**负债与净资产总计**		

注：* 标注项目为特定险种和制度社会保险基金资产负债表专用项目，非适用险种和制度社会保险基金资产负债表不予列示。其中：

"暂付款"项目下"委托上级投资"项目为企业职工、城乡居民、机关事业单位基本养老保险基金（非省级）资产负债表专用项目；本项目下"异地就医预付金"项目为职工、城乡居民基本医疗保险基金资产负债表专用项目。

“委托投资”项目为企业职工、城乡居民、机关事业单位基本养老保险基金（省级）资产负债表专用项目。

“暂收款”项目下“下级归集委托投资”项目为企业职工、城乡居民、机关事业单位基本养老保险基金资产负债表专用项目；本项目下“异地就医预付金”为职工、城乡居民基本医疗保险基金资产负债表专用项目。

职工基本医疗保险基金资产负债表应当在“一般基金结余”项目下列示“统筹基金”“个人账户基金”“待转基金”三个明细项目。其中，“待转基金”项目，为职工基本医疗保险基金月度资产负债表专用项目，年度资产负债表中不列此项目。

“风险基金结余”项目为提取风险基金的新型农村合作医疗基金资产负债表专用项目。

“储备金结余”项目为工伤保险基金资产负债表专用项目。

收 支 表

险种和制度：企业职工基本养老保险基金　　　　会社保 02 表

编制单位：____________　　　　______年____月　　　　单位：元

项目	本月数	本年累计数
一、基金收入		
社会保险费收入		
财政补贴收入		
利息收入		
委托投资收益		
转移收入		
上级补助收入		
下级上解收入		
其他收入		
二、基金支出		
社会保险待遇支出		
（一）基本养老金		
1. 基础养老金		
2. 个人账户养老金		
（1）按月支付		
（2）一次性支出		
3. 过渡性养老金		
4. 离休金		
5. 退休金		
6. 退职金		
7. 补贴		

续表

项目	本月数	本年累计数
（二）医疗补助金		
（三）丧葬补助金和抚恤金		
（四）病残津贴		
转移支出		
上解上级支出		
补助下级支出		
其他支出		
三、本期基金结余		

收 支 表

险种和制度：城乡居民基本养老保险基金　　　　会社保 02 表

编制单位：________　　　　______年____月　　　　单位：元

项目	本月数	本年累计数
一、基金收入		
社会保险费收入		
财政补贴收入		
集体补助收入		
利息收入		
委托投资收益		
转移收入		
上级补助收入		
下级上解收入		
其他收入		
二、基金支出		
社会保险待遇支出		
（一）基础养老金		
（二）个人账户养老金		
1. 按月支付		
2. 一次性支出		
（三）丧葬补助金		
转移支出		
上解上级支出		
补助下级支出		
其他支出		
三、本期基金结余		

收　支　表

险种和制度：机关事业单位基本养老保险基金　　会社保 02 表

编制单位：__________　　______年____月　　单位：元

项目	本月数	本年累计数
一、基金收入		
社会保险费收入		
财政补贴收入		
利息收入		
委托投资收益		
转移收入		
上级补助收入		
下级上解收入		
其他收入		
二、基金支出		
社会保险待遇支出		
（一）基本养老金		
1. 基础养老金		
2. 个人账户养老金		
（1）按月支付		
（2）一次性支出		
3. 过渡性养老金		
4. 退休（职）费		
5. 病退生活费		
6. 补差资金		
（二）丧葬补助金和抚恤金		
（三）病残津贴		
转移支出		
上解上级支出		
补助下级支出		
其他支出		
三、本期基金结余		

收 支 表

险种和制度：职工基本医疗保险基金　　　　　　　　　　　　会社保 02 表

编制单位：____________　　　　　______年____月　　　　　　　单位：元

项目	本月数	本年累计数
一、统筹基金收入		
社会保险费收入		
财政补贴收入		
利息收入		
上级补助收入		
下级上解收入		
其他收入		
二、个人账户基金收入		
社会保险费收入		
利息收入		
转移收入		
上级补助收入		
下级上解收入		
其他收入		
三、统筹基金支出		
社会保险待遇支出		
（一）住院费用		
（二）门诊大病费用		
（三）门诊统筹费用		
（四）生育医疗费用*		
（五）生育津贴*		
大病保险支出*		
上解上级支出		
补助下级支出		
其他支出		
四、个人账户基金支出		
社会保险待遇支出		
（一）住院费用		
（二）门诊费用		
（三）药店医药费用		

续表

项目	本月数	本年累计数
转移支出		
上解上级支出		
补助下级支出		
其他支出		
五、本期基金结余		
统筹基金结余		
个人账户基金结余		
待转基金		

注：* “生育医疗费用”“生育津贴”项目为生育保险与职工基本医疗保险合并实施的地区职工基本医疗保险基金收支表专用项目。* “大病保险支出”为建立职工基本医疗保险大病保险制度的地区职工基本医疗保险基金收支表专用项目。

收 支 表

险种和制度：城乡居民基本医疗保险基金　　　　会社保 02 表

编制单位：＿＿＿＿＿＿　　　　＿＿＿年＿＿月　　　　单位：元

项目	本月数	本年累计数
一、基金收入		
社会保险费收入		
财政补贴收入		
利息收入		
上级补助收入		
下级上解收入		
其他收入		
二、基金支出		
社会保险待遇支出		
（一）住院费用		
（二）门诊费用		
（三）其他费用		
大病保险支出		
上解上级支出		
补助下级支出		
其他支出		
三、本期基金结余		

注：本表适用于城镇居民基本医疗保险基金、新型农村合作医疗基金、合并实施的城乡居民基本医疗保险基金。

收 支 表

险种和制度：工伤保险基金 会社保 02 表

编制单位：__________ ______年____月 单位：元

项目	本月数	本年累计数
一、基金收入		
社会保险费收入		
财政补贴收入		
利息收入		
上级补助收入		
下级上解收入		
其他收入		
二、基金支出		
社会保险待遇支出		
（一）工伤医疗待遇支出		
（二）伤残待遇支出		
（三）工亡待遇支出		
劳动能力鉴定支出		
工伤预防费用支出		
上解上级支出		
补助下级支出		
其他支出		
三、本期基金结余		

收 支 表

险种和制度：失业保险基金 会社保 02 表

编制单位：__________ ______年____月 单位：元

项目	本月数	本年累计数
一、基金收入		
社会保险费收入		
财政补贴收入		
利息收入		
转移收入		
上级补助收入		
下级上解收入		
其他收入		

续表

项目	本月数	本年累计数
二、基金支出		
社会保险待遇支出		
（一）失业保险金支出		
（二）基本医疗保险费支出		
（三）丧葬补助金和抚恤金支出		
（四）职业培训和职业介绍补贴支出		
（五）其他费用支出		
稳定岗位补贴支出		
技能提升补贴支出		
转移支出		
上解上级支出		
补助下级支出		
其他支出		
三、本期基金结余		

收 支 表

险种和制度：生育保险基金　　　　会社保 02 表

编制单位：__________　　　　____年____月　　　　单位：元

项目	本月数	本年累计数
一、基金收入		
社会保险费收入		
财政补贴收入		
利息收入		
上级补助收入		
下级上解收入		
其他收入		
二、基金支出		
社会保险待遇支出		
（一）生育医疗费用支出		
（二）生育津贴支出		
上解上级支出		
补助下级支出		
其他支出		
三、本期基金结余		

第五部分　财务报表编制说明

一、资产负债表编制说明

（一）本表反映某一会计期末（月末、年末）特定险种和制度社会保险基金全部资产、负债及净资产的构成情况。

（二）本表“年初余额”栏各项目，应当根据上年年末资产负债表“期末余额”栏各相应项目数字填列。

（三）本表“期末余额”栏各项目，其内容和填列方法如下：

1.“库存现金”项目，反映社会保险基金期末库存现金余额。本项目应当根据“库存现金”科目期末借方余额填列。

2.“收入户存款”项目，反映社会保险基金期末收入户存款余额。本项目应当根据“收入户存款”科目期末借方余额填列。

3.“财政专户存款”项目，反映社会保险基金期末财政专户存款余额。本项目应当根据“财政专户存款”科目期末借方余额填列。

4.“支出户存款”项目，反映社会保险基金期末支出户存款余额。本项目应当根据“支出户存款”科目期末借方余额填列。

5.“国库存款”项目，反映社会保险基金期末税务机关征收的存入国库、尚未转入财政专户的社会保险费余额。本项目应当根据“国库存款”科目期末借方余额填列。

6.“暂付款”项目，反映社会保险基金期末尚未结清的暂付、应收款项。本项目应当根据“暂付款”科目期末借方余额填列。

本项目下“委托上级投资”项目反映期末非省级企业职工、城乡居民、机关事业单位基本养老保险基金归集到上级的委托投资资金余额，应当根据“暂付款——委托上级投资”明细科目期末借方余额填列。

本项目下“异地就医预付金”项目反映期末职工、城乡居民基本医疗保险基金预付就医省的预付金余额，应当根据“暂付款——异地就医预付金”明细科目借方余额填列。

7.“债券投资”项目，反映社会保险基金期末持有的国债的账面余额。本项目应当根据“债券投资”科目期末借方余额填列。

8.“委托投资”项目，反映省级企业职工、城乡居民、机关事业单位基本养老保险基金期末委托投资资金的本金及投资收益余额。本项目应当根据“委托投资”科目期末借方余额填列。

9.“资产总计”项目，反映社会保险基金期末资产的合计数。本项目应当根据本表中“库存现金”“收入户存款”“财政专户存款”“支出户存款”“国库存款”“暂付款”“债券投资”“委托投资”项目金额的合计数填列。

10.“暂收款”项目，反映社会保险基金期末尚未偿付或结清的暂收款项。本项目应当根据“暂收款”科目期末贷方余额填列。

本项目下“下级归集委托投资”项目反映期末企业职工、城乡居民、机关事业单位基本养老保险基金收到下级归集的委托投资资金余额，应当根据“暂收款——下级归集委托投资”明细科目期末贷方余额填列。

本项目下“异地就医资金”项目反映期末职工、城乡居民基本医疗保险基金就医地区收到的跨省异地就医预付金和清算资金余额，应当根据“暂收款——异地就医资金”明细科目贷方余额填列。

11.“借入款项”项目，反映社会保险基金期末尚未偿付的借入款项。本项目应当根据“借入款项”科目期末贷方余额填列。

12.“负债合计”项目，反映社会保险基金期末负债的合计数。本项目应当根据本表中“暂收款”“借入款项”项目金额的合计数填列。

13.“一般基金结余”项目，反映社会保险基金期末历年累积的基金收支相抵后的除风险基金、储备金等特定用途基金外的基金结余。本项目应当根据“一般基金结余”科目期末贷方余额填列。

本项目下“统筹基金”项目，反映期末职工基本医疗保险基金的统筹基金结余。本项目应当根据“一般基金结余——统筹基金”科目期末贷方余额填列。

本项目下“个人账户基金”项目，反映期末职工基本医疗保险基金个人账户基金结余。本项目应当根据“一般基金结余——个人账户基金”科目期末贷方余额填列。

本项目下“待转基金”项目，反映自年初起至本会计期末职工基本医疗保险基金取得的尚未确定归属于统筹基金或个人账户基金的社会保险费收入和利息收入总额。本项目应当根据“待转社会保险费收入”“待转利息收入”科目期末贷方余额合计填列。本项目在年度资产负债表中不予列示。

14. “风险基金结余”项目，反映期末新型农村合作医疗基金统筹地区已提取的风险基金余额。本项目应当根据“风险基金结余”科目期末贷方余额填列。

15. “储备金结余”项目，反映期末工伤保险基金已提取的储备金余额。本项目应当根据“储备金结余”科目期末贷方余额填列。

16. “净资产合计”项目，反映社会保险基金期末净资产的合计数。本项目应当根据本表中“ 一般基金结余”“ 风险基金结余”“储备金结余”项目金额的合计数填列。

17. “负债与净资产总计”项目，反映社会保险基金期末负债和净资产的合计数。本项目应当根据本表中“负债合计”“净资产合计”项目金额的合计数填列。

二、收支表编制说明

（一）本表反映某一会计期间（月度、年度）特定险种和制度社会保险基金所有收入、支出以及本期收入、支出相抵后的基金结余情况。

（二）本表“本月数”栏反映各项目的本月发生数，根据不同险种和制度，其内容和填列方法如下：

1. 对于企业职工基本养老保险基金，各项目的内容和填列方法如下：

（1）“基金收入”项目，反映本月企业职工基本养老保险基金基金收入总额。本项目应当根据本表中“社会保险费收入”“财政补贴收入”“利息收入”“委托投资收益”“转移收入”“上级补助收入”“下级上解收入”“其他收入”等项目金额加总计算填列。

（2）“社会保险费收入”项目，反映本月企业职工基本养老保险基金社会保险费收入总额。本项目应当根据“社会保险费收入”科目本月贷方发生额减去借方发生额后的净额填列。

（3）“财政补贴收入”项目，反映本月企业职工基本养老保险基金收到的财政补贴收入总额。本项目应当根据“财政补贴收入”科目本月贷方发生额填列。

（4）“利息收入”项目，反映本月企业职工基本养老保险基金取得的收入户、财政专户、支出户、国库存款和归集到上级的委托投资资金取得的存款利息收入，以及购买国债取得的利息收入。本项目应当根据“利息收入”科目本月贷方发生额填列。

（5）“委托投资收益”项目，反映企业职工基本养老保险基金按照国家有关规定委托国家授权的投资管理机构进行投资运营本月所取得的净收益或发生的净损失。本项目应当根据“委托投资收益”科目本月贷方发生额减去借方发生额后的净额填列；净额为负数时，以“－”填列。

（6）“转移收入”项目，反映本月企业职工基本养老保险基金因参保对象跨统筹地区或跨制度流动而划入的收入总额。本项目应当根据“转移收入”科目本月贷方发生额减去借方发生额后的净额填列。

（7）“上级补助收入”项目，反映本月企业职工基本养老保险基金收到的上级补助收入总额。本项目应当根据“上级补助收入”科目本月贷方发生额填列。

（8）“下级上解收入”项目，反映本月企业职工基本养老保险基金收到的下级上解收入总额。本项目应当根据“下级上解收入”科目本月贷方发生额填列。

（9）“其他收入”项目，反映本月企业职工基本养老保险基金取得的其他收入总额。本项目应当根据“其他收入”科目本月贷方发生额填列。

（10）“基金支出”项目，反映本月企业职工基本养老保险基金社会保险基金支出总额。本项目应当根据本表中“社会保险待遇支出”“转移支出”“上解上级支出”“补助下级支出”“其他支出”等项目金额加总计算填列。

（11）“社会保险待遇支出”项目，反映本月企业职工基本养老保险基金按规定支付的社会保险待遇支出总额。本项目应当根据“社会保险待遇支出”科目本月借方发生额减去贷方发生额后的净额填列。

本项目下各明细项目应当根据“社会保险待遇支出”科目下对应明细科目的本月借方发生额减去贷方发生额后的净额填列。

（12）“转移支出”项目，反映本月企业职工基本养老保险基金因参保对象跨统筹地区或跨制度流动而划出的基金总额。本项目应当根据“转移支出”科目本月借方发生额减去贷方发生额后的净额填列。

（13）“上解上级支出”项目，反映本月企业职工基本养老保险基金上解上级的支出总额。本项目应当根据“上解上级支出”科目本月借方发生额填列。

（14）“补助下级支出”项目，反映本月企业职工基本养老保险基金拨付给下级的补助支出总额。本项目应当根据“补助下级支出”科目本月借方发生额填列。

（15）“其他支出”项目，反映本月企业职工基本养老保险基金发生其他支出总额。本项目应当根据“其他支出”科目本月借方发生额填列。

（16）“本期基金结余”项目，反映本月企业职工基本养老保险基金基金收入扣除基金支出的基金结余。本项目应当根据本表中“基金收入”项目金额减去“基金支出”项目金额后的差额填列。

2. 对于城乡居民基本养老保险基金，各项目的内容和填列方法如下：

（1）“基金收入”项目，反映本月城乡居民基本养老保险基金基金收入总额。本项目应当根据本表中“社会保险费收入”“财政补贴收入”“集体补助收入”“利息收入”“委托投资收益”“转移收入”“上级补助收入”“下级上解收入”“其他收入”等项目金额加总计算填列。

（2）“社会保险费收入”项目，反映本月城乡居民基本养老保险基金社会保险费收入总额。本项目应当根据“社会保险费收入”科目本月贷方发生额减去借方发生额后的净额填列。

（3）“财政补贴收入”项目，反映本月城乡居民基本养老保险基金收到的财政补贴收入总额。本项目应当根据“财政补贴收入”科目本月贷方发生额填列。

（4）“集体补助收入”项目，反映本月城乡居民基本养老保险基金收到的村（社区）等集体经济组织的补助收入总额。本项目应当根据“集体补助收入”科目本月贷方发生额填列。

（5）“利息收入”项目，反映本月城乡居民基本养老保险基金取得的收入户、财政专户、支出户、国库存款和归集到上级的委托投资资金取得的存款利息收入，以及购买国债取得的利息收入。本项目应当根据“利息收入”科目本月贷方发生额填列。

（6）“委托投资收益”项目，反映城乡居民基本养老保险基金按照国家有关规定委托国家授权的投资管理机构进行投资运营本月所取得的净收益或发生的净损失。本项目应当根据“委托投资收益”科目本月贷方发生额减去借方发生额后的净额填列；净额为负数时，以“-”填列。

（7）“转移收入”项目，反映本月城乡居民基本养老保险基金因参保对象跨统筹地区或跨制度流动而划入的收入总额。本项目应当根据“转移收入”科目本月贷方发生额减去借方发生额后的净额填列。

（8）“上级补助收入”项目，反映本月城乡居民基本养老保险基金收到的上级补助收入总额。本项目应当根据“上级补助收入”科目本月贷方发生额填列。

（9）“下级上解收入”项目，反映本月城乡居民基本养老保险基金收到的下级上解收入总额。本项目应当根据“下级上解收入”科目本月贷方发生额填列。

（10）“其他收入”项目，反映本月城乡居民基本养老保险基金取得的其他收入总额。本项目应当根据“其他收入”科目本月贷方发生额填列。

（11）“基金支出”项目，反映本月城乡居民基本养老保险基金社会保险基金支出总额。本项目应当根据本表中“社会保险待遇支出”“转移支出”“上解上级支出”“补助下级支出”“其他支出”等项目金额加总计算填列。

（12）“社会保险待遇支出”项目，反映本月城乡居民基本养老保险基金按规定支付的社会保险待遇支出总额。本项目应当根据“社会保险待遇支出”科目本月借方发生额减去贷方发生额后的净额填列。

本项目下各明细项目应当根据“社会保险待遇支出”科目下对应明细科目的本月借方发生额减去贷方发生额后的净额填列。

（13）“转移支出”项目，反映本月城乡居民基本养老保险基金因参保对象跨统筹地区或跨制度流动而划出的基金总额。本项目应当根据“转移支出”科目本月借方发生额减去贷方发生额后的净额填列。

（14）“上解上级支出”项目，反映本月城乡居民基本养老保险基金上解上级的支出总额。本项目应当根据“上解上级支出”科目本月借方发生额填列。

（15）“补助下级支出”项目，反映本月城乡居民基本养老保险基金拨付给下级的补助支出总额。本项目应当根据“补助下级支出”科目本月借方发生额填列。

（16）“其他支出”项目，反映本月城乡居民基本养老保险基金发生其他支出总额。本项目应当根据“其他支出”科目本月借方发生额填列。

（17）“本期基金结余”项目，反映本月城乡居民基本养老保险基金基金收入扣除基金支出的基金结余。本项目应当根据本表中“基金收入”项目金额减去“基金支出”项目金额后的差额填列。

3. 对于机关事业单位基本养老保险基金，各项目的内容和填列方法如下：

（1）“基金收入”项目，反映本月机关事业单位基本养老保险基金基金收入总额。本项目应当根据本表中“社会保险费收入”“财政补贴收入”“利息收入”“委托投资收益”“转移收入”“上级补助收入”“下级上解收入”“其他收入”等项目金额加总计算填列。

（2）“社会保险费收入”项目，反映本月机关事业单位基本养老保险基金社会保险费收入总额。本项目应当根据“社会保险费收入”科目本月贷方发生额减去借方发生额后的净额填列。

（3）“财政补贴收入”项目，反映本月机关事业单位基本养老保险基金收到的财政补贴收入总额。本项目应当根据“财政补贴收入”科目本月贷方发生额填列。

（4）“利息收入”项目，反映本月机关事业单位基本养老保险基金取得的收入户、财政专户、支出户、国库存款和归集到上级的委托投资资金取得的存款利息收入，以及购买国债取得的利息收入。本项目应当根据“利息收入”科目本月贷方发生额填列。

（5）“委托投资收益”项目，反映机关事业单位基本养老保险基金按照国家有关规定委托国家授权的投资管理机构进行投资运营本月所取得的净收益或发生的净损失。本项目应当根据“委托投资收益”科目本月贷方发生额减去借方发生额后的净额填列；净额为负数时，以“－”填列。

（6）“转移收入”项目，反映本月机关事业单位基本养老保险基金因参保对象跨统筹地区或跨制度流动而划入的收入总额。本项目应当根据“转移收入”科目本月贷方发生额减去借方发生额后的净额填列。

（7）“上级补助收入”项目，反映本月机关事业单位基本养老保险基金收到的上级补助收入总额。本项目应当根据“上级补助收入”科目本月贷方发生额填列。

（8）“下级上解收入”项目，反映本月机关事业单位基本养老保险基金收到的下级上解收入总额。本项目应当根据“下级上解收入”科目本月贷方发生额填列。

(9)“其他收入”项目，反映本月机关事业单位基本养老保险基金取得的其他收入总额。本项目应当根据“其他收入”科目本月贷方发生额填列。

(10)“基金支出”项目，反映本月机关事业单位基本养老保险基金基金支出总额。本项目应当根据本表中“社会保险待遇支出”“转移支出”“上解上级支出”“补助下级支出”“其他支出”等项目金额加总计算填列。

(11)“社会保险待遇支出”项目，反映本月机关事业单位基本养老保险基金按规定支付的社会保险待遇支出总额。本项目应当根据“社会保险待遇支出”科目本月借方发生额减去贷方发生额后的净额填列。

本项目下各明细项目应当根据“社会保险待遇支出”科目下对应明细科目的本月借方发生额减去贷方发生额后的净额填列。

(12)“转移支出”项目，反映本月机关事业单位基本养老保险基金因参保对象跨统筹地区或跨制度流动而划出的基金总额。本项目应当根据“转移支出”科目本月借方发生额减去贷方发生额后的净额填列。

(13)“上解上级支出”项目，反映本月机关事业单位基本养老保险基金上解上级的支出总额。本项目应当根据“上解上级支出”科目本月借方发生额填列。

(14)“补助下级支出”项目，反映本月机关事业单位基本养老保险基金拨付给下级的补助支出总额。本项目应当根据“补助下级支出”科目本月借方发生额填列。

(15)“其他支出”项目，反映本月机关事业单位基本养老保险基金发生其他支出总额。本项目应当根据“其他支出”科目本月借方发生额填列。

(16)“本期基金结余”项目，反映本月机关事业单位基本养老保险基金基金收入扣除基金支出的基金结余。本项目应当根据本表中“基金收入”项目金额减去“基金支出”项目金额后的差额填列。

4. 对于职工基本医疗保险基金，各项目的内容和填列方法如下：

(1)“统筹基金收入”项目，反映本月职工基本医疗保险基金统筹基金的收入总额。本项目应当根据本表中“社会保险费收入”“财政补贴收入”“利息收入”“上级补助收入”“下级上解收入”“其他收入”项目金额加总计算填列。

①“社会保险费收入”项目，反映本月职工基本医疗保险基金计入统筹基金的社会保险费收入总额。本项目应当根据“社会保险费收入——统筹基

金”科目本月贷方发生额减去借方发生额后的净额填列。

②“财政补贴收入”项目，反映本月职工基本医疗保险基金取得的财政补贴收入总额。本项目应当根据“财政补贴收入”科目本月贷方发生额填列。

③“利息收入”项目，反映本月职工基本医疗保险基金计入统筹基金的利息收入总额。本项目应当根据“利息收入——统筹基金”科目本月贷方发生额填列。

④“上级补助收入”项目，反映本月职工基本医疗保险基金计入统筹基金的上级补助收入总额。本项目应当根据“上级补助收入——统筹基金”科目本月贷方发生额填列。

⑤“下级上解收入”项目，反映本月职工基本医疗保险基金计入统筹基金的下级上解收入总额。本项目应当根据“下级上解收入——统筹基金”科目本月贷方发生额填列。

⑥“其他收入”项目，反映本月职工基本医疗保险基金计入统筹基金的其他收入总额。本项目应当根据“其他收入——统筹基金”科目本月贷方发生额填列。

（2）“个人账户基金收入”项目反映本月职工基本医疗保险基金个人账户基金的收入总额。本项目应当根据本表中“社会保险费收入”“利息收入”“转移收入”“上级补助收入”“下级上解收入”“其他收入”项目金额加总计算填列。

①“社会保险费收入”项目，反映本月职工基本医疗保险基金计入个人账户基金的社会保险费收入总额。本项目应当根据“社会保险费收入——个人账户基金”科目本月贷方发生额减去借方发生额后的净额填列。

②“利息收入”项目，反映本月职工基本医疗保险基金计入个人账户基金的利息收入总额。本项目应当根据“利息收入—— 个人账户基金”科目本月贷方发生额填列。

③“转移收入”项目，反映本月职工基本医疗保险基金的转移收入总额。本项目应当根据“转移收入”科目本月贷方发生额减去借方发生额后的净额填列。

④“上级补助收入”项目，反映本月职工基本医疗保险基金计入个人账户基金的上级补助收入总额。本项目应当根据“上级补助收入——个人账户基金”科目本月贷方发生额填列。

⑤“下级上解收入”项目，反映本月职工基本医疗保险基金计入个人账

户基金的下级上解收入总额。本项目应当根据“下级上解收入——个人账户基金”科目本月贷方发生额填列。

⑥“其他收入”项目，反映本月职工基本医疗保险基金计入个人账户基金的其他收入总额。本项目应当根据“其他收入—— 个人账户基金”科目本月贷方发生额填列。

（3）“统筹基金支出”项目反映本月职工基本医疗保险基金统筹基金的支出总额。本项目应当根据本表中“社会保险待遇支出”“大病保险支出”“上解上级支出”“补助下级支出”“其他支出”项目金额加总计算填列。

①“社会保险待遇支出”项目反映本月职工基本医疗保险基金计入统筹基金的社会保险待遇支出总额。本项目应当根据“社会保险待遇支出——统筹基金”科目本月借方发生额减去贷方发生额后的净额填列。

“ 社会保险待遇支出”项目下的“ 住院费用”“ 门诊大病费用”“门诊统筹费用”项目应当分别根据“社会保险待遇支出—— 统筹基金”科目下对应明细科目的本月借方发生额减去贷方发生额后的净额填列。

“社会保险待遇支出”项目下的“生育医疗费用”“生育津贴”项目为生育保险与职工基本医疗保险合并实施的地区专用项目，应当分别根据“社会保险待遇支出——统筹基金”科目下对应明细科目的本月借方发生额减去贷方发生额后的净额填列。

②“大病保险支出”项目为建立职工基本医疗保险大病保险制度的地区专用项目，应当根据“大病保险支出”科目的本月借方发生额填列。

③“上解上级支出”项目，反映本月职工基本医疗保险基金计入统筹基金的上解上级支出总额。本项目应当根据“上解上级支出——统筹基金”科目本月借方发生额填列。

④“补助下级支出”项目，反映本月职工基本医疗保险基金计入统筹基金的补助下级支出总额。本项目应当根据“补助下级支出——统筹基金”科目本月借方发生额填列。

⑤“其他支出”项目，反映本月职工基本医疗保险基金计入统筹基金的其他支出总额。本项目应当根据“其他支出——统筹基金”科目本月借方发生额填列。

（4）“个人账户基金支出”项目反映本月职工基本医疗保险基金个人账户基金的支出总额。本项目应当根据本表中“社会保险待遇支出”“转移支出”“上解上级支出”“补助下级支出”“其他支出”项目金额加总计算填列。

①“社会保险待遇支出”项目，反映本月职工基本医疗保险基金计入个人账户基金的社会保险待遇支出总额。本项目应当根据“社会保险待遇支出——个人账户基金”科目本月借方发生额减去贷方发生额后的净额填列。

“社会保险待遇支出”项目下的“住院费用”“门诊费用”“药店医药费用”项目应当分别根据“社会保险待遇支出——个人账户基金”科目下对应明细科目的本月借方发生额减去贷方发生额后的净额填列。

②“转移支出”项目，反映本月职工基本医疗保险基金发生的转移支出总额。本项目应当根据“转移支出”科目本月借方发生额减去贷方发生额后的净额填列。

③“上解上级支出”项目，反映本月职工基本医疗保险基金计入个人账户基金的上解上级支出总额。本项目应当根据“上解上级支出——个人账户基金”科目本月借方发生额填列。

④“补助下级支出”项目，反映本月职工基本医疗保险基金计入个人账户基金的补助下级支出总额。本项目应当根据“补助下级支出——个人账户基金”科目本月借方发生额填列。

⑤“其他支出”项目，反映本月职工基本医疗保险基金计入个人账户基金的其他支出总额。本项目应当根据“其他支出—— 个人账户基金”科目本月借方发生额填列。

（5）“本期基金结余”项目，反映本月职工基本医疗保险基金结余总额。本项目应当根据本表中“统筹基金结余”“个人账户基金结余”“待转基金”项目金额加总计算填列。

①“统筹基金结余”项目，反映本月职工基本医疗保险基金统筹基金收入扣除统筹基金支出的基金结余。本项目应当根据本表中“统筹基金收入”项目金额减去“统筹基金支出”项目金额后的差额填列。

②“个人账户基金结余”项目，反映本月职工基本医疗保险基金个人账户基金收入扣除个人账户基金支出的基金结余。本项目应当根据本表中“个人账户基金收入”项目金额减去“个人账户基金支出”项目金额后的差额填列。

③“待转基金”项目，反映期末（指 1 至 11 月份）尚未确定归属于职工基本医疗保险统筹基金或个人账户基金的待转医疗保险费收入和尚未分配计入职工基本医疗保险统筹基金和个人账户基金的利息收入，本项目应根据“待转保险费收入”“待转利息收入”科目期末余额合计填列。本项目在年度收支

表中不予列示。

5. 对于城乡居民基本医疗保险基金，各项目的内容和填列方法如下：

（1）“基金收入”项目，反映本月城乡居民基本医疗保险基金基金收入总额。本项目应当根据本表中“社会保险费收入”“财政补贴收入”“利息收入”“上级补助收入”“下级上解收入”“其他收入”等项目金额加总计算填列。

（2）“社会保险费收入”项目，反映本月城乡居民基本医疗保险基金社会保险费收入总额。本项目应当根据“社会保险费收入”科目本月贷方发生额减去借方发生额后的净额填列。

（3）“财政补贴收入”项目，反映本月城乡居民基本医疗保险基金收到的财政补贴收入总额。本项目应当根据“财政补贴收入”科目本月贷方发生额填列。

（4）“利息收入”项目，反映本月城乡居民基本医疗保险基金取得的收入户、财政专户、支出户存款和国库存款的利息收入，以及购买国债取得的利息收入。本项目应当根据“利息收入”科目本月贷方发生额填列。

（5）“上级补助收入”项目，反映本月城乡居民基本医疗保险基金收到的上级补助收入总额。本项目应当根据“上级补助收入”科目本月贷方发生额填列。

（6）“下级上解收入”项目，反映本月城乡居民基本医疗保险基金收到的下级上解收入总额。本项目应当根据“下级上解收入”科目本月贷方发生额填列。

（7）“其他收入”项目，反映本月城乡居民基本医疗保险基金取得的其他收入总额。本项目应当根据“其他收入”科目本月贷方发生额填列。

（8）“基金支出”项目，反映本月城乡居民基本医疗保险基金基金支出总额。本项目应当根据本表中“社会保险待遇支出”“大病保险支出”“上解上级支出”“补助下级支出”“其他支出”等项目金额加总计算填列。

（9）“社会保险待遇支出”项目，反映本月城乡居民基本医疗保险基金按规定支付的社会保险待遇支出总额。本项目应当根据“社会保险待遇支出”科目本月借方发生额减去贷方发生额后的净额填列。

本项目下各明细项目应当根据“社会保险待遇支出”科目下对应明细科目的本月借方发生额减去贷方发生额后的净额填列。

（10）“大病保险支出”项目，反映本月城乡居民基本医疗保险基金划转资金用于大病保险的支出总额。本项目应当根据“大病保险支出”科目本月借方发生额填列。

（11）“上解上级支出”项目，反映本月城乡居民基本医疗保险基金上解上级的支出总额。本项目应当根据“上解上级支出”科目本月借方发生额填列。

（12）“补助下级支出”项目，反映本月城乡居民基本医疗保险基金拨付给下级的补助支出总额。本项目应当根据“补助下级支出”科目本月借方发生额填列。

（13）“其他支出”项目，反映本月城乡居民基本医疗保险基金发生其他支出总额。本项目应当根据“其他支出”科目本月借方发生额填列。

（14）“本期基金结余”项目，反映本月城乡居民基本医疗保险基金基金收入扣除基金支出的基金结余。本项目应当根据本表中“基金收入”项目金额减去“基金支出”项目金额后的差额填列。

6. 对于工伤保险基金，各项目的内容和填列方法如下：

（1）“基金收入”项目，反映本月工伤保险基金收入总额。本项目应当根据本表中“社会保险费收入”“财政补贴收入”“利息收入”“上级补助收入”“下级上解收入”“其他收入”等项目金额加总计算填列。

（2）“社会保险费收入”项目，反映本月工伤保险基金社会保险费收入总额。本项目应当根据“社会保险费收入”科目本月贷方发生额减去借方发生额后的净额填列。

（3）“财政补贴收入”项目，反映本月工伤保险基金收到的财政补贴收入总额。本项目应当根据“财政补贴收入”科目本月贷方发生额填列。

（4）“利息收入”项目，反映本月工伤保险基金取得的收入户、财政专户、支出户存款和国库存款的利息收入，以及购买国债取得的利息收入。本项目应当根据“利息收入”科目本月贷方发生额填列。

（5）“上级补助收入”项目，反映本月工伤保险基金收到的上级补助收入总额。本项目应当根据“上级补助收入”科目本月贷方发生额填列。

（6）“下级上解收入”项目，反映本月工伤保险基金收到的下级上解收入总额。本项目应当根据“下级上解收入”科目本月贷方发生额填列。

（7）“其他收入”项目，反映本月工伤保险基金取得的其他收入总额。本项目应当根据“其他收入”科目本月贷方发生额填列。

（8）“基金支出”项目，反映本月工伤保险基金基金支出总额。本项目应当根据本表中“社会保险待遇支出”“劳动能力鉴定支出”“工伤预防费用支出”“上解上级支出”“补助下级支出”“其他支出”等项目金额加总计算填列。

(9)“社会保险待遇支出”项目，反映本月工伤保险基金按规定支付的社会保险待遇支出总额。本项目应当根据“社会保险待遇支出”科目本月借方发生额减去贷方发生额后的净额填列。

本项目下各明细项目应当根据“社会保险待遇支出”科目下对应明细科目的本月借方发生额减去贷方发生额后的净额填列。

(10)“劳动能力鉴定支出”项目，反映本月工伤保险基金支出的劳动能力鉴定支出总额。本项目应当根据“劳动能力鉴定支出”科目本月借方发生额填列。

(11)“工伤预防费用支出”项目，反映本月工伤保险基金支出的工伤预防费用总额。本项目应当根据“工伤预防费用支出”科目本月借方发生额填列。

(12)“上解上级支出”项目，反映本月工伤保险基金上解上级的支出总额。本项目应当根据“上解上级支出”科目本月借方发生额填列。

(13)“补助下级支出”项目，反映本月工伤保险基金拨付给下级的补助支出总额。本项目应当根据“补助下级支出”科目本月借方发生额填列。

(14)“其他支出”项目，反映本月工伤保险基金发生其他支出总额。本项目应当根据“其他支出”科目本月借方发生额填列。

(15)“本期基金结余”项目，反映本月工伤保险基金基金收入扣除基金支出的基金结余。本项目应当根据本表中“基金收入”项目金额减去“基金支出”项目金额后的差额填列。

7. 对于失业保险基金，各项目的内容和填列方法如下：

(1)“基金收入”项目，反映本月失业保险基金基金收入总额。本项目应当根据本表中“社会保险费收入”“财政补贴收入”“利息收入”“转移收入”“上级补助收入”“下级上解收入”“其他收入”等项目金额加总计算填列。

(2)“社会保险费收入”项目，反映本月失业保险基金社会保险费收入总额。本项目应当根据“社会保险费收入”科目本月贷方发生额减去借方发生额后的净额填列。

(3)“财政补贴收入”项目，反映本月失业保险基金收到的财政补贴收入总额。本项目应当根据“财政补贴收入”科目本月贷方发生额填列。

(4)“利息收入”项目，反映本月失业保险基金取得的收入户、财政专户、支出户存款和国库存款的利息收入，以及购买国债取得的利息收入。本项目应当根据“利息收入”科目本月贷方发生额填列。

（5）“转移收入”项目，反映本月失业保险基金因参保对象跨统筹地区或跨制度流动而划入的收入总额。本项目应当根据“转移收入”科目本月贷方发生额减去借方发生额后的净额填列。

（6）“上级补助收入”项目，反映本月失业保险基金收到的上级补助收入总额。本项目应当根据“上级补助收入”科目本月贷方发生额填列。

（7）“下级上解收入”项目，反映本月失业保险基金收到的下级上解收入总额。本项目应当根据“下级上解收入”科目本月贷方发生额填列。

（8）“其他收入”项目，反映本月失业保险基金取得的其他收入总额。本项目应当根据“其他收入”科目本月贷方发生额填列。

（9）“基金支出”项目，反映本月失业保险基金基金支出总额。本项目应当根据本表中“社会保险待遇支出”“稳定岗位补贴支出”“技能提升补贴支出”“转移支出”“上解上级支出”“补助下级支出”“其他支出”等项目金额加总计算填列。

（10）“社会保险待遇支出”项目，反映本月失业保险基金按规定支付的社会保险待遇支出总额。本项目应当根据“社会保险待遇支出”科目本月借方发生额减去贷方发生额后的净额填列。本项目下各明细项目应当根据“社会保险待遇支出”科目下对应明细科目的本月借方发生额减去贷方发生额后的净额填列。

（11）“稳定岗位补贴支出”项目，反映本月失业保险基金支付的稳定岗位补贴总额。本项目应当根据“稳定岗位补贴支出”科目本月借方发生额填列。

（12）“技能提升补贴支出”项目，反映本月失业保险基金支付的技能提升补贴总额。本项目应当根据“技能提升补贴支出”科目本月借方发生额填列。

（13）“转移支出”项目，反映本月失业保险基金因参保对象跨统筹地区或跨制度流动而划出的基金总额。本项目应当根据“转移支出”科目本月借方发生额减去贷方发生额后的净额填列。

（14）“上解上级支出”项目，反映本月失业保险基金上解上级的支出总额。本项目应当根据“上解上级支出”科目本月借方发生额填列。

（15）“补助下级支出”项目，反映本月失业保险基金拨付给下级的补助支出总额。本项目应当根据“补助下级支出”科目本月借方发生额填列。

（16）“其他支出”项目，反映本月失业保险基金发生其他支出总额。本项目应当根据“其他支出”科目本月借方发生额填列。

（17）“本期基金结余”项目，反映本月失业保险基金基金收入扣除基金支出的基金结余。本项目应当根据本表中“基金收入”项目金额减去“基金支出”项目金额后的差额填列。

8. 对于生育保险基金，各项目的内容和填列方法如下：

（1）“基金收入”项目，反映本月生育保险基金基金收入总额。本项目应当根据本表中“社会保险费收入”“财政补贴收入”“利息收入”“上级补助收入”“下级上解收入”“其他收入”等项目金额加总计算填列。

（2）“社会保险费收入”项目，反映本月生育保险基金社会保险费收入总额。本项目应当根据“社会保险费收入”科目本月贷方发生额减去借方发生额后的净额填列。

（3）“财政补贴收入”项目，反映本月生育保险基金收到的财政补贴收入总额。本项目应当根据“财政补贴收入”科目本月贷方发生额填列。

（4）“利息收入”项目，反映本月生育保险基金取得的收入户、财政专户、支出户存款和国库存款的利息收入，以及购买国债取得的利息收入。本项目应当根据“利息收入”科目本月贷方发生额填列。

（5）“上级补助收入”项目，反映本月生育保险基金收到的上级补助收入总额。本项目应当根据“上级补助收入”科目本月贷方发生额填列。

（6）“下级上解收入”项目，反映本月生育保险基金收到的下级上解收入总额。本项目应当根据“下级上解收入”科目本月贷方发生额填列。

（7）“其他收入”项目，反映本月生育保险基金取得的其他收入总额。本项目应当根据“其他收入”科目本月贷方发生额填列。

（8）“基金支出”项目，反映本月生育保险基金支出总额。本项目应当根据本表中“社会保险待遇支出”“上解上级支出”“补助下级支出”“其他支出”等项目金额加总计算填列。

（9）“社会保险待遇支出”项目，反映本月生育保险基金按规定支付的社会保险待遇支出总额。本项目应当根据“社会保险待遇支出”科目本月借方发生额减去贷方发生额后的净额填列。

本项目下各明细项目应当根据“社会保险待遇支出”科目下对应明细科目的本月借方发生额减去贷方发生额后的净额填列。

（10）“上解上级支出”项目，反映本月生育保险基金上解上级的支出总额。本项目应当根据“上解上级支出”科目本月借方发生额填列。

（11）“补助下级支出”项目，反映本月生育保险基金拨付给下级的补助支出总额。本项目应当根据“补助下级支出”科目本月借方发生额填列。

（12）“其他支出”项目，反映本月生育保险基金发生其他支出总额。本项目应当根据“其他支出”科目本月借方发生额填列。

（13）“本期基金结余”项目，反映本月生育保险基金基金收入扣除基金支出的基金结余。本项目应当根据本表中“基金收入”项目金额减去“基金支出”项目金额后的差额填列。

（三）本表“本年累计数”栏反映各项目自年初起至本会计期末止的累计发生数。本项目应当根据各项目自年初起至本会计期末止的累计发生额填列。

（四）编制年度收支表时，应当将“本月数”栏改为“本年数”栏，将“本年累计数”栏改为“上年数”栏，“本年数”栏各项目填列本年度相应项目的累计发生数，“上年数”栏各项目应当根据上年度收支表“本年数”栏相应项目数字填列。

三、附注

附注是社会保险基金财务报表的重要组成部分，由经办机构根据社会保险基金相关管理和财务制度要求编制，所披露的信息应当包括但不限于：

（一）财务报表列示的重要项目的进一步说明，包括其主要构成、增减变动情况等；

（二）未能在财务报表中列示项目的说明；

（三）债券投资情况的说明；

（四）委托投资情况的说明；

（五）国家政策和会计政策变动对财务报表影响的说明；

（六）其他对财务报表数据有重大影响的事项说明。

附　录

中华人民共和国会计法

（1985 年 1 月 21 日第六届全国人民代表大会常务委员会第九次会议通过，1993 年 12 月 29 日第八届全国人民代表大会常务委员会第五次会议修正，1999 年 10 月 31 日第九届全国人民代表大会常务委员会第十二次会议修订，2017 年 11 月 4 日第十二届全国人民代表大会常务委员会第三十次会议修正，自 2017 年 11 月 5 日起施行。）

第一章　总　则

第一条　为了规范会计行为，保证会计资料真实、完整，加强经济管理和财务管理，提高经济效益，维护社会主义市场经济秩序，制定本法。

第二条　国家机关、社会团体、公司、企业、事业单位和其他组织（以下统称单位）必须依照本法办理会计事务。

第三条　各单位必须依法设置会计账簿，并保证其真实、完整。

第四条　单位负责人对本单位的会计工作和会计资料的真实性、完整性负责。

第五条　会计机构、会计人员依照本法规定进行会计核算，实行会计监督。

任何单位或者个人不得以任何方式授意、指使、强令会计机构、会计人员伪造、变造会计凭证、会计账簿和其他会计资料，提供虚假财务会计报告。

任何单位或者个人不得对依法履行职责、抵制违反本法规定行为的会计人员实行打击报复。

第六条 对认真执行本法，忠于职守，坚持原则，做出显著成绩的会计人员，给予精神的或者物质的奖励。

第七条 国务院财政部门主管全国的会计工作。

县级以上地方各级人民政府财政部门管理本行政区域内的会计工作。

第八条 国家实行统一的会计制度。国家统一的会计制度由国务院财政部门根据本法制定并公布。

国务院有关部门可以依照本法和国家统一的会计制度制定对会计核算和会计监督有特殊要求的行业实施国家统一的会计制度的具体办法或者补充规定，报国务院财政部门审核批准。

中国人民解放军总后勤部可以依照本法和国家统一的会计制度制定军队实施国家统一的会计制度的具体办法，报国务院财政部门备案。

第二章 会计核算

第九条 各单位必须根据实际发生的经济业务事项进行会计核算，填制会计凭证，登记会计账簿，编制财务会计报告。

任何单位不得以虚假的经济业务事项或者资料进行会计核算。

第十条 下列经济业务事项，应当办理会计手续，进行会计核算：

（一）款项和有价证券的收付；

（二）财物的收发、增减和使用；

（三）债权债务的发生和结算；

（四）资本、基金的增减；

（五）收入、支出、费用、成本的计算；

（六）财务成果的计算和处理；

（七）需要办理会计手续、进行会计核算的其他事项。

第十一条 会计年度自公历 1 月 1 日起至 12 月 31 日止。

第十二条 会计核算以人民币为记账本位币。

业务收支以人民币以外的货币为主的单位，可以选定其中一种货币作为记账本位币，但是编报的财务会计报告应当折算为人民币。

第十三条 会计凭证、会计账簿、财务会计报告和其他会计资料，必须符合国家统一的会计制度的规定。

使用电子计算机进行会计核算的，其软件及其生成的会计凭证、会计账簿、财务会计报告和其他会计资料，也必须符合国家统一的会计制度的规定。

任何单位和个人不得伪造、变造会计凭证、会计账簿及其他会计资料，不得提供虚假的财务会计报告。

第十四条　会计凭证包括原始凭证和记账凭证。

办理本法第十条所列的经济业务事项，必须填制或者取得原始凭证并及时送交会计机构。

会计机构、会计人员必须按照国家统一的会计制度的规定对原始凭证进行审核，对不真实、不合法的原始凭证有权不予接受，并向单位负责人报告；对记载不准确、不完整的原始凭证予以退回，并要求按照国家统一的会计制度的规定更正、补充。

原始凭证记载的各项内容均不得涂改；原始凭证有错误的，应当由出具单位重开或者更正，更正处应当加盖出具单位印章。原始凭证金额有错误的，应当由出具单位重开，不得在原始凭证上更正。

记账凭证应当根据经过审核的原始凭证及有关资料编制。

第十五条　会计账簿登记，必须以经过审核的会计凭证为依据，并符合有关法律、行政法规和国家统一的会计制度的规定。会计账簿包括总账、明细账、日记账和其他辅助性账簿。

会计账簿应当按照连续编号的页码顺序登记。会计账簿记录发生错误或者隔页、缺号、跳行的，应当按照国家统一的会计制度规定的方法更正，并由会计人员和会计机构负责人（会计主管人员）在更正处盖章。

使用电子计算机进行会计核算的，其会计账簿的登记、更正，应当符合国家统一的会计制度的规定。

第十六条　各单位发生的各项经济业务事项应当在依法设置的会计账簿上统一登记、核算，不得违反本法和国家统一的会计制度的规定私设会计账簿登记、核算。

第十七条　各单位应当定期将会计账簿记录与实物、款项及有关资料相互核对，保证会计账簿记录与实物及款项的实有数额相符、会计账簿记录与会计凭证的有关内容相符、会计账簿之间相对应的记录相符、会计账簿记录与会计报表的有关内容相符。

第十八条　各单位采用的会计处理方法，前后各期应当一致，不得随意变更；确有必要变更的，应当按照国家统一的会计制度的规定变更，并将变更的原因、情况及影响在财务会计报告中说明。

第十九条 单位提供的担保、未决诉讼等或有事项，应当按照国家统一的会计制度的规定，在财务会计报告中予以说明。

第二十条 财务会计报告应当根据经过审核的会计账簿记录和有关资料编制，并符合本法和国家统一的会计制度关于财务会计报告的编制要求、提供对象和提供期限的规定；其他法律、行政法规另有规定的，从其规定。

财务会计报告由会计报表、会计报表附注和财务情况说明书组成。向不同的会计资料使用者提供的财务会计报告，其编制依据应当一致。有关法律、行政法规规定会计报表、会计报表附注和财务情况说明书须经注册会计师审计的，注册会计师及其所在的会计师事务所出具的审计报告应当随同财务会计报告一并提供。

第二十一条 财务会计报告应当由单位负责人和主管会计工作的负责人、会计机构负责人（会计主管人员）签名并盖章；设置总会计师的单位，还须由总计师签名并盖章。

单位负责人应当保证财务会计报告真实、完整。

第二十二条 会计记录的文字应当使用中文。在民族自治地方，会计记录可以同时使用当地通用的一种民族文字。在中华人民共和国境内的外商投资企业、外国企业和其他外国组织的会计记录可以同时使用一种外国文字。

第二十三条 各单位对会计凭证、会计账簿、财务会计报告和其他会计资料应当建立档案，妥善保管。会计档案的保管期限和销毁办法，由国务院财政部会同有关部门制定。

第三章　公司、企业会计核算的特别规定

第二十四条 公司、企业进行会计核算，除应当遵守本法第二章的规定外，还应当遵守本章规定。

第二十五条 公司、企业必须根据实际发生的经济业务事项，按照国家统一的会计制度的规定确认、计量和记录资产、负债、所有者权益、收入、费用、成本和利润。

第二十六条 公司、企业进行会计核算不得有下列行为：

（一）随意改变资产、负债、所有者权益的确认标准或者计量方法，虚列、多列、不列或者少列资产、负债、所有者权益；

（二）虚列或者隐瞒收入，推迟或者提前确认收入；

（三）随意改变费用、成本的确认标准或者计量方法，虚列、多列、不列或者少列费用、成本；

（四）随意调整利润的计算、分配方法，编造虚假利润或者隐瞒利润；

（五）违反国家统一的会计制度规定的其他行为。

第四章　会计监督

第二十七条　各单位应当建立、健全本单位内部会计监督制度。单位内部会计监督制度应当符合下列要求：

（一）记账人员与经济业务事项和会计事项的审批人员、经办人员、财物保管人员的职责权限应当明确，并相互分离、相互制约；

（二）重大对外投资、资产处置、资金调度和其他重要经济业务事项的决策和执行的相互监督、相互制约程序应当明确；

（三）财产清查的范围、期限和组织程序应当明确；

（四）对会计资料定期进行内部审计的办法和程序应当明确。

第二十八条　单位负责人应当保证会计机构、会计人员依法履行职责，不得授意、指使、强令会计机构、会计人员违法办理会计事项。

会计机构、会计人员对违反本法和国家统一的会计制度规定的会计事项，有权拒绝办理或者按照职权予以纠正。

第二十九条　会计机构、会计人员发现会计账簿记录与实物、款项及有关资料不相符的，按照国家统一的会计制度的规定有权自行处理的，应当及时处理；无权处理的，应当立即向单位负责人报告，请求查明原因，作出处理。

第三十条　任何单位和个人对违反本法和国家统一的会计制度规定的行为，有权检举。收到检举的部门有权处理的，应当依法按照职责分工及时处理；无权处理的，应当及时移送有权处理的部门处理。收到检举的部门、负责处理的部门应当为检举人保密，不得将检举人姓名和检举材料转给被检举单位和被检举人个人。

第三十一条　有关法律、行政法规规定，须经注册会计师进行审计的单位，应当向受委托的会计师事务所如实提供会计凭证、会计账簿、财务会计报告和他会计资料以及有关情况。

任何单位或者个人不得以任何方式要求或者示意注册会计师及其所在的会计师事务所出具不实或者不当的审计报告。

财政部门有权对会计师事务所出具审计报告的程序和内容进行监督。

第三十二条 财政部门对各单位的下列情况实施监督：

（一）是否依法设置会计账簿；

（二）会计凭证、会计账簿、财务会计报告和其他会计资料是否真实、完整；

（三）会计核算是否符合本法和国家统一的会计制度的规定；

（四）从事会计工作的人员是否具备专业能力、遵守职业道德。

在对前款第（二）项所列事项实施监督，发现重大违法嫌疑时，国务院财政部门及其派出机构可以向与被监督单位有经济业务往来的单位和被监督单位开立账户的金融机构查询有关情况，有关单位和金融机构应当给予支持。

第三十三条 财政、审计、税务、人民银行、证券监管、保险监管等部门应当依照有关法律、行政法规规定的职责，对有关单位的会计资料实施监督检查。

前款所列监督检查部门对有关单位的会计资料依法实施监督检查后，应当出具检查结论。有关监督检查部门已经作出的检查结论能够满足其他监督检查部门履行本部门职责需要的，其他监督检查部门应当加以利用，避免重复查账。

第三十四条 依法对有关单位的会计资料实施监督检查的部门及其工作人员对在监督检查中知悉的国家秘密和商业秘密负有保密义务。

第三十五条 各单位必须依照有关法律、行政法规的规定，接受有关监督检查部门依法实施的监督检查，如实提供会计凭证、会计账簿、财务会计报告和他会计资料以及有关情况，不得拒绝、隐匿、谎报。

第五章 会计机构和会计人员

第三十六条 各单位应当根据会计业务的需要，设置会计机构，或者在有关机构中设置会计人员并指定会计主管人员；不具备设置条件的，应当委托经批准设立从事会计代理记账业务的中介机构代理记账。

国有的和国有资产占控股地位或者主导地位的大、中型企业必须设置总会计师。总会计师的任职资格、任免程序、职责权限由国务院规定。

第三十七条 会计机构内部应当建立稽核制度。

出纳人员不得兼任稽核、会计档案保管和收入、支出、费用、债权债务账目的登记工作。

第三十八条　会计人员应当具备从事会计工作所需要的专业能力。

担任单位会计机构负责人（会计主管人员）的，应当具备会计师以上专业技术职务资格或者从事会计工作三年以上经历。

本法所称会计人员的范围由国务院财政部门规定。

第三十九条　会计人员应当遵守职业道德，提高业务素质。对会计人员的教育和培训工作应当加强。

第四十条　因有提供虚假财务会计报告，做假账，隐匿或者故意销毁会计凭证、会计账簿、财务会计报告，贪污，挪用公款，职务侵占等与会计职务的有关违法行为被依法追究刑事责任的人员，不得再从事会计工作。

第四十一条　会计人员调动工作或者离职，必须与接管人员办清交接手续。

一般会计人员办理交接手续，由会计机构负责人（会计主管人员）监交；会计机构负责人（会计主管人员）办理交接手续，由单位负责人监交，必要时主管单位可以派人会同监交。

第六章　法律责任

第四十二条　违反本法规定，有下列行为之一的，由县级以上人民政府财政部门责令限期改正，可以对单位并处三千元以上五万元以下的罚款；对其直接负责的主管人员和其他直接责任人员，可以处二千元以上二万元以下的罚款；属于国家工作人员的，还应当由其所在单位或者有关单位依法给予行政处分：

（一）不依法设置会计账簿的；

（二）私设会计账簿的；

（三）未按照规定填制、取得原始凭证或者填制、取得的原始凭证不符合规定的；

（四）以未经审核的会计凭证为依据登记会计账簿或者登记会计账簿不符合规定的；

（五）随意变更会计处理方法的；

（六）向不同的会计资料使用者提供的财务会计报告编制依据不一致的；

（七）未按照规定使用会计记录文字或者记账本位币的；

（八）未按照规定保管会计资料，致使会计资料毁损、灭失的；

（九）未按照规定建立并实施单位内部会计监督制度或者拒绝依法实施的

监督或者不如实提供有关会计资料及有关情况的；

（十）任用会计人员不符合本法规定的。

有前款所列行为之一，构成犯罪的，依法追究刑事责任。

会计人员有第一款所列行为之一，情节严重的，五年内不得从事会计工作。

有关法律对第一款所列行为的处罚另有规定的，依照有关法律的规定办理。

第四十三条 伪造、变造会计凭证、会计账簿，编制虚假财务会计报告，构成犯罪的，依法追究刑事责任。

有前款行为，尚不构成犯罪的，由县级以上人民政府财政部门予以通报，可以对单位并处五千元以上十万元以下的罚款；对其直接负责的主管人员和其他直接责任人员，可以处三千元以上五万元以下的罚款；属于国家工作人员的，还应当由其所在单位或者有关单位依法给予撤职直至开除的行政处分；其中的会计人员，五年内不得从事会计工作。

第四十四条 隐匿或者故意销毁依法应当保存的会计凭证、会计账簿、财务会计报告，构成犯罪的，依法追究刑事责任。

有前款行为，尚不构成犯罪的，由县级以上人民政府财政部门予以通报，可以对单位并处五千元以上十万元以下的罚款；对其直接负责的主管人员和其他直接责任人员，可以处三千元以上五万元以下的罚款；属于国家工作人员的，还应当由其所在单位或者有关单位依法给予撤职直至开除的行政处分；其中的会计人员，五年内不得从事会计工作。

第四十五条 授意、指使、强令会计机构、会计人员及其他人员伪造、变造会计凭证、会计账簿，编制虚假财务会计报告或者隐匿、故意销毁依法应当保的会计凭证、会计账簿、财务会计报告，构成犯罪的，依法追究刑事责任；尚不构成犯罪的，可以处五千元以上五万元以下的罚款；属于国家工作人员的，还应当由其所在单位或者有关单位依法给予降级、撤职、开除的行政处分。

第四十六条 单位负责人对依法履行职责、抵制违反本法规定行为的会计人员以降级、撤职、调离工作岗位、解聘或者开除等方式实行打击报复，构成犯罪的，依法追究刑事责任；尚不构成犯罪的，由其所在单位或者有关单位依法给予行政处分。对受打击报复的会计人员，应当恢复其名誉和原有职务、级别。

第四十七条　财政部门及有关行政部门的工作人员在实施监督管理中滥用职权、玩忽职守、徇私舞弊或者泄露国家秘密、商业秘密，构成犯罪的，依法追刑事责任；尚不构成犯罪的，依法给予行政处分。

第四十八条　违反本法第三十条规定，将检举人姓名和检举材料转给被检举单位和被检举人个人的，由所在单位或者有关单位依法给予行政处分。

第四十九条　违反本法规定，同时违反其他法律规定的，由有关部门在各自职权范围内依法进行处罚。

第七章　附　　则

第五十条　本法下列用语的含义：

单位负责人，是指单位法定代表人或者法律、行政法规规定代表单位行使职权的主要负责人。

国家统一的会计制度，是指国务院财政部门根据本法制定的关于会计核算、会计监督、会计机构和会计人员以及会计工作管理的制度。

第五十一条　个体工商户会计管理的具体办法，由国务院财政部门根据本法的原则另行规定。

第五十二条　本法自 2000 年 7 月 1 日起施行。

中华人民共和国社会保险法

中华人民共和国主席令第三十五号

《中华人民共和国社会保险法》已由中华人民共和国第十一届全国人民代表大会常务委员会第十七次会议于2010年10月28日通过，现予公布，自2011年7月1日起施行。

中华人民共和国主席　胡锦涛

2010年10月28日

目　　录

第一章　总　则

第一条　为了规范社会保险关系，维护公民参加社会保险和享受社会保险待遇的合法权益，使公民共享发展成果，促进社会和谐稳定，根据宪法，制定本法。

第二条　国家建立基本养老保险、基本医疗保险、工伤保险、失业保险、生育保险等社会保险制度，保障公民在年老、疾病、工伤、失业、生育等情况下依法从国家和社会获得物质帮助的权利。

第三条　社会保险制度坚持广覆盖、保基本、多层次、可持续的方针，社会保险水平应当与经济社会发展水平相适应。

第四条　中华人民共和国境内的用人单位和个人依法缴纳社会保险费，有权查询缴费记录、个人权益记录，要求社会保险经办机构提供社会保险咨询等相关服务。

个人依法享受社会保险待遇，有权监督本单位为其缴费情况。

第五条　县级以上人民政府将社会保险事业纳入国民经济和社会发展规划。

国家多渠道筹集社会保险资金。县级以上人民政府对社会保险事业给予必要的经费支持。

国家通过税收优惠政策支持社会保险事业。

第六条　国家对社会保险基金实行严格监管。

国务院和省、自治区、直辖市人民政府建立健全社会保险基金监督管理制度，保障社会保险基金安全、有效运行。

县级以上人民政府采取措施，鼓励和支持社会各方面参与社会保险基金的监督。

第七条　国务院社会保险行政部门负责全国的社会保险管理工作，国务院其他有关部门在各自的职责范围内负责有关的社会保险工作。

县级以上地方人民政府社会保险行政部门负责本行政区域的社会保险管理工作，县级以上地方人民政府其他有关部门在各自的职责范围内负责有关的社会保险工作。

第八条　社会保险经办机构提供社会保险服务，负责社会保险登记、个人权益记录、社会保险待遇支付等工作。

第九条 工会依法维护职工的合法权益，有权参与社会保险重大事项的研究，参加社会保险监督委员会，对与职工社会保险权益有关的事项进行监督。

第二章 基本养老保险

第十条 职工应当参加基本养老保险，由用人单位和职工共同缴纳基本养老保险费。

无雇工的个体工商户、未在用人单位参加基本养老保险的非全日制从业人员以及其他灵活就业人员可以参加基本养老保险，由个人缴纳基本养老保险费。

公务员和参照公务员法管理的工作人员养老保险的办法由国务院规定。

第十一条 基本养老保险实行社会统筹与个人账户相结合。

基本养老保险基金由用人单位和个人缴费以及政府补贴等组成。

第十二条 用人单位应当按照国家规定的本单位职工工资总额的比例缴纳基本养老保险费，记入基本养老保险统筹基金。

职工应当按照国家规定的本人工资的比例缴纳基本养老保险费，记入个人账户。

无雇工的个体工商户、未在用人单位参加基本养老保险的非全日制从业人员以及其他灵活就业人员参加基本养老保险的，应当按照国家规定缴纳基本养老保险费，分别记入基本养老保险统筹基金和个人账户。

第十三条 国有企业、事业单位职工参加基本养老保险前，视同缴费年限期间应当缴纳的基本养老保险费由政府承担。

基本养老保险基金出现支付不足时，政府给予补贴。

第十四条 个人账户不得提前支取，记账利率不得低于银行定期存款利率，免征利息税。个人死亡的，个人账户余额可以继承。

第十五条 基本养老金由统筹养老金和个人账户养老金组成。

基本养老金根据个人累计缴费年限、缴费工资、当地职工平均工资、个人账户金额、城镇人口平均预期寿命等因素确定。

第十六条 参加基本养老保险的个人，达到法定退休年龄时累计缴费满十五年的，按月领取基本养老金。

参加基本养老保险的个人，达到法定退休年龄时累计缴费不足十五年的，可以缴费至满十五年，按月领取基本养老金；也可以转入新型农村社会养老保险或者城镇居民社会养老保险，按照国务院规定享受相应的养老保险待遇。

第十七条　参加基本养老保险的个人，因病或者非因工死亡的，其遗属可以领取丧葬补助金和抚恤金；在未达到法定退休年龄时因病或者非因工致残完全丧失劳动能力的，可以领取病残津贴。所需资金从基本养老保险基金中支付。

第十八条　国家建立基本养老金正常调整机制。根据职工平均工资增长、物价上涨情况，适时提高基本养老保险待遇水平。

第十九条　个人跨统筹地区就业的，其基本养老保险关系随本人转移，缴费年限累计计算。个人达到法定退休年龄时，基本养老金分段计算、统一支付。具体办法由国务院规定。

第二十条　国家建立和完善新型农村社会养老保险制度。

新型农村社会养老保险实行个人缴费、集体补助和政府补贴相结合。

第二十一条　新型农村社会养老保险待遇由基础养老金和个人账户养老金组成。

参加新型农村社会养老保险的农村居民，符合国家规定条件的，按月领取新型农村社会养老保险待遇。

第二十二条　国家建立和完善城镇居民社会养老保险制度。

省、自治区、直辖市人民政府根据实际情况，可以将城镇居民社会养老保险和新型农村社会养老保险合并实施。

第三章　基本医疗保险

第二十三条　职工应当参加职工基本医疗保险，由用人单位和职工按照国家规定共同缴纳基本医疗保险费。

无雇工的个体工商户、未在用人单位参加职工基本医疗保险的非全日制从业人员以及其他灵活就业人员可以参加职工基本医疗保险，由个人按照国家规定缴纳基本医疗保险费。

第二十四条　国家建立和完善新型农村合作医疗制度。

新型农村合作医疗的管理办法，由国务院规定。

第二十五条　国家建立和完善城镇居民基本医疗保险制度。

城镇居民基本医疗保险实行个人缴费和政府补贴相结合。

享受最低生活保障的人、丧失劳动能力的残疾人、低收入家庭六十周岁以上的老年人和未成年人等所需个人缴费部分，由政府给予补贴。

第二十六条 职工基本医疗保险、新型农村合作医疗和城镇居民基本医疗保险的待遇标准按照国家规定执行。

第二十七条 参加职工基本医疗保险的个人，达到法定退休年龄时累计缴费达到国家规定年限的，退休后不再缴纳基本医疗保险费，按照国家规定享受基本医疗保险待遇；未达到国家规定年限的，可以缴费至国家规定年限。

第二十八条 符合基本医疗保险药品目录、诊疗项目、医疗服务设施标准以及急诊、抢救的医疗费用，按照国家规定从基本医疗保险基金中支付。

第二十九条 参保人员医疗费用中应当由基本医疗保险基金支付的部分，由社会保险经办机构与医疗机构、药品经营单位直接结算。

社会保险行政部门和卫生行政部门应当建立异地就医医疗费用结算制度，方便参保人员享受基本医疗保险待遇。

第三十条 下列医疗费用不纳入基本医疗保险基金支付范围：

（一）应当从工伤保险基金中支付的；

（二）应当由第三人负担的；

（三）应当由公共卫生负担的；

（四）在境外就医的。

医疗费用依法应当由第三人负担，第三人不支付或者无法确定第三人的，由基本医疗保险基金先行支付。基本医疗保险基金先行支付后，有权向第三人追偿。

第三十一条 社会保险经办机构根据管理服务的需要，可以与医疗机构、药品经营单位签订服务协议，规范医疗服务行为。

医疗机构应当为参保人员提供合理、必要的医疗服务。

第三十二条 个人跨统筹地区就业的，其基本医疗保险关系随本人转移，缴费年限累计计算。

第四章 工伤保险

第三十三条 职工应当参加工伤保险，由用人单位缴纳工伤保险费，职工不缴纳工伤保险费。

第三十四条 国家根据不同行业的工伤风险程度确定行业的差别费率，并根据使用工伤保险基金、工伤发生率等情况在每个行业内确定费率档次。行业差别费率和行业内费率档次由国务院社会保险行政部门制定，报国务院批准后公布施行。

社会保险经办机构根据用人单位使用工伤保险基金、工伤发生率和所属行业费率档次等情况，确定用人单位缴费费率。

第三十五条　用人单位应当按照本单位职工工资总额，根据社会保险经办机构确定的费率缴纳工伤保险费。

第三十六条　职工因工作原因受到事故伤害或者患职业病，且经工伤认定的，享受工伤保险待遇；其中，经劳动能力鉴定丧失劳动能力的，享受伤残待遇。

工伤认定和劳动能力鉴定应当简捷、方便。

第三十七条　职工因下列情形之一导致本人在工作中伤亡的，不认定为工伤：

（一）故意犯罪；

（二）醉酒或者吸毒；

（三）自残或者自杀；

（四）法律、行政法规规定的其他情形。

第三十八条　因工伤发生的下列费用，按照国家规定从工伤保险基金中支付：

（一）治疗工伤的医疗费用和康复费用；

（二）住院伙食补助费；

（三）到统筹地区以外就医的交通食宿费；

（四）安装配置伤残辅助器具所需费用；

（五）生活不能自理的，经劳动能力鉴定委员会确认的生活护理费；

（六）一次性伤残补助金和一至四级伤残职工按月领取的伤残津贴；

（七）终止或者解除劳动合同时，应当享受的一次性医疗补助金；

（八）因工死亡的，其遗属领取的丧葬补助金、供养亲属抚恤金和因工死亡补助金；

（九）劳动能力鉴定费。

第三十九条　因工伤发生的下列费用，按照国家规定由用人单位支付：

（一）治疗工伤期间的工资福利；

（二）五级、六级伤残职工按月领取的伤残津贴；

（三）终止或者解除劳动合同时，应当享受的一次性伤残就业补助金。

第四十条 工伤职工符合领取基本养老金条件的，停发伤残津贴，享受基本养老保险待遇。基本养老保险待遇低于伤残津贴的，从工伤保险基金中补足差额。

第四十一条 职工所在用人单位未依法缴纳工伤保险费，发生工伤事故的，由用人单位支付工伤保险待遇。用人单位不支付的，从工伤保险基金中先行支付。

从工伤保险基金中先行支付的工伤保险待遇应当由用人单位偿还。用人单位不偿还的，社会保险经办机构可以依照本法第六十三条的规定追偿。

第四十二条 由于第三人的原因造成工伤，第三人不支付工伤医疗费用或者无法确定第三人的，由工伤保险基金先行支付。工伤保险基金先行支付后，有权向第三人追偿。

第四十三条 工伤职工有下列情形之一的，停止享受工伤保险待遇：

（一）丧失享受待遇条件的；

（二）拒不接受劳动能力鉴定的；

（三）拒绝治疗的。

第五章　失业保险

第四十四条 职工应当参加失业保险，由用人单位和职工按照国家规定共同缴纳失业保险费。

第四十五条 失业人员符合下列条件的，从失业保险基金中领取失业保险金：

（一）失业前用人单位和本人已经缴纳失业保险费满一年的；

（二）非因本人意愿中断就业的；

（三）已经进行失业登记，并有求职要求的。

第四十六条 失业人员失业前用人单位和本人累计缴费满一年不足五年的，领取失业保险金的期限最长为十二个月；累计缴费满五年不足十年的，领取失业保险金的期限最长为十八个月；累计缴费十年以上的，领取失业保险金的期限最长为二十四个月。重新就业后，再次失业的，缴费时间重新计算，领取失业保险金的期限与前次失业应当领取而尚未领取的失业保险金的期限合并计算，最长不超过二十四个月。

第四十七条 失业保险金的标准，由省、自治区、直辖市人民政府确定，不得低于城市居民最低生活保障标准。

第四十八条　失业人员在领取失业保险金期间，参加职工基本医疗保险，享受基本医疗保险待遇。

失业人员应当缴纳的基本医疗保险费从失业保险基金中支付，个人不缴纳基本医疗保险费。

第四十九条　失业人员在领取失业保险金期间死亡的，参照当地对在职职工死亡的规定，向其遗属发给一次性丧葬补助金和抚恤金。所需资金从失业保险基金中支付。

个人死亡同时符合领取基本养老保险丧葬补助金、工伤保险丧葬补助金和失业保险丧葬补助金条件的，其遗属只能选择领取其中的一项。

第五十条　用人单位应当及时为失业人员出具终止或者解除劳动关系的证明，并将失业人员的名单自终止或者解除劳动关系之日起十五日内告知社会保险经办机构。

失业人员应当持本单位为其出具的终止或者解除劳动关系的证明，及时到指定的公共就业服务机构办理失业登记。

失业人员凭失业登记证明和个人身份证明，到社会保险经办机构办理领取失业保险金的手续。失业保险金领取期限自办理失业登记之日起计算。

第五十一条　失业人员在领取失业保险金期间有下列情形之一的，停止领取失业保险金，并同时停止享受其他失业保险待遇：

（一）重新就业的；

（二）应征服兵役的；

（三）移居境外的；

（四）享受基本养老保险待遇的；

（五）无正当理由，拒不接受当地人民政府指定部门或者机构介绍的适当工作或者提供的培训的。

第五十二条　职工跨统筹地区就业的，其失业保险关系随本人转移，缴费年限累计计算。

第六章　生育保险

第五十三条　职工应当参加生育保险，由用人单位按照国家规定缴纳生育保险费，职工不缴纳生育保险费。

第五十四条 用人单位已经缴纳生育保险费的，其职工享受生育保险待遇；职工未就业配偶按照国家规定享受生育医疗费用待遇。所需资金从生育保险基金中支付。

生育保险待遇包括生育医疗费用和生育津贴。

第五十五条 生育医疗费用包括下列各项：

（一）生育的医疗费用；

（二）计划生育的医疗费用；

（三）法律、法规规定的其他项目费用。

第五十六条 职工有下列情形之一的，可以按照国家规定享受生育津贴：

（一）女职工生育享受产假；

（二）享受计划生育手术休假；

（三）法律、法规规定的其他情形。

生育津贴按照职工所在用人单位上年度职工月平均工资计发。

第七章 社会保险费征缴

第五十七条 用人单位应当自成立之日起三十日内凭营业执照、登记证书或者单位印章，向当地社会保险经办机构申请办理社会保险登记。社会保险经办机构应当自收到申请之日起十五日内予以审核，发给社会保险登记证件。

用人单位的社会保险登记事项发生变更或者用人单位依法终止的，应当自变更或者终止之日起三十日内，到社会保险经办机构办理变更或者注销社会保险登记。

工商行政管理部门、民政部门和机构编制管理机关应当及时向社会保险经办机构通报用人单位的成立、终止情况，公安机关应当及时向社会保险经办机构通报个人的出生、死亡以及户口登记、迁移、注销等情况。

第五十八条 用人单位应当自用工之日起三十日内为其职工向社会保险经办机构申请办理社会保险登记。未办理社会保险登记的，由社会保险经办机构核定其应当缴纳的社会保险费。

自愿参加社会保险的无雇工的个体工商户、未在用人单位参加社会保险的非全日制从业人员以及其他灵活就业人员，应当向社会保险经办机构申请办理社会保险登记。

国家建立全国统一的个人社会保障号码。个人社会保障号码为公民身份号码。

第五十九条　县级以上人民政府加强社会保险费的征收工作。

社会保险费实行统一征收，实施步骤和具体办法由国务院规定。

第六十条　用人单位应当自行申报、按时足额缴纳社会保险费，非因不可抗力等法定事由不得缓缴、减免。职工应当缴纳的社会保险费由用人单位代扣代缴，用人单位应当按月将缴纳社会保险费的明细情况告知本人。

无雇工的个体工商户、未在用人单位参加社会保险的非全日制从业人员以及其他灵活就业人员，可以直接向社会保险费征收机构缴纳社会保险费。

第六十一条　社会保险费征收机构应当依法按时足额征收社会保险费，并将缴费情况定期告知用人单位和个人。

第六十二条　用人单位未按规定申报应当缴纳的社会保险费数额的，按照该单位上月缴费额的百分之一百一十确定应当缴纳数额；缴费单位补办申报手续后，由社会保险费征收机构按照规定结算。

第六十三条　用人单位未按时足额缴纳社会保险费的，由社会保险费征收机构责令其限期缴纳或者补足。

用人单位逾期仍未缴纳或者补足社会保险费的，社会保险费征收机构可以向银行和其他金融机构查询其存款账户；并可以申请县级以上有关行政部门作出划拨社会保险费的决定，书面通知其开户银行或者其他金融机构划拨社会保险费。用人单位账户余额少于应当缴纳的社会保险费的，社会保险费征收机构可以要求该用人单位提供担保，签订延期缴费协议。

用人单位未足额缴纳社会保险费且未提供担保的，社会保险费征收机构可以申请人民法院扣押、查封、拍卖其价值相当于应当缴纳社会保险费的财产，以拍卖所得抵缴社会保险费。

第八章　社会保险基金

第六十四条　社会保险基金包括基本养老保险基金、基本医疗保险基金、工伤保险基金、失业保险基金和生育保险基金。各项社会保险基金按照社会保险险种分别建账，分账核算，执行国家统一的会计制度。

社会保险基金专款专用，任何组织和个人不得侵占或者挪用。

基本养老保险基金逐步实行全国统筹，其他社会保险基金逐步实行省级统筹，具体时间、步骤由国务院规定。

第六十五条 社会保险基金通过预算实现收支平衡。

县级以上人民政府在社会保险基金出现支付不足时，给予补贴。

第六十六条 社会保险基金按照统筹层次设立预算。社会保险基金预算按照社会保险项目分别编制。

第六十七条 社会保险基金预算、决算草案的编制、审核和批准，依照法律和国务院规定执行。

第六十八条 社会保险基金存入财政专户，具体管理办法由国务院规定。

第六十九条 社会保险基金在保证安全的前提下，按照国务院规定投资运营实现保值增值。

社会保险基金不得违规投资运营，不得用于平衡其他政府预算，不得用于兴建、改建办公场所和支付人员经费、运行费用、管理费用，或者违反法律、行政法规规定挪作其他用途。

第七十条 社会保险经办机构应当定期向社会公布参加社会保险情况以及社会保险基金的收入、支出、结余和收益情况。

第七十一条 国家设立全国社会保障基金，由中央财政预算拨款以及国务院批准的其他方式筹集的资金构成，用于社会保障支出的补充、调剂。全国社会保障基金由全国社会保障基金管理运营机构负责管理运营，在保证安全的前提下实现保值增值。

全国社会保障基金应当定期向社会公布收支、管理和投资运营的情况。国务院财政部门、社会保险行政部门、审计机关对全国社会保障基金的收支、管理和投资运营情况实施监督。

第九章 社会保险经办

第七十二条 统筹地区设立社会保险经办机构。社会保险经办机构根据工作需要，经所在地的社会保险行政部门和机构编制管理机关批准，可以在本统筹地区设立分支机构和服务网点。

社会保险经办机构的人员经费和经办社会保险发生的基本运行费用、管理费用，由同级财政按照国家规定予以保障。

第七十三条 社会保险经办机构应当建立健全业务、财务、安全和风险管理制度。

社会保险经办机构应当按时足额支付社会保险待遇。

第七十四条　社会保险经办机构通过业务经办、统计、调查获取社会保险工作所需的数据，有关单位和个人应当及时、如实提供。

社会保险经办机构应当及时为用人单位建立档案，完整、准确地记录参加社会保险的人员、缴费等社会保险数据，妥善保管登记、申报的原始凭证和支付结算的会计凭证。

社会保险经办机构应当及时、完整、准确地记录参加社会保险的个人缴费和用人单位为其缴费，以及享受社会保险待遇等个人权益记录，定期将个人权益记录单免费寄送本人。

用人单位和个人可以免费向社会保险经办机构查询、核对其缴费和享受社会保险待遇记录，要求社会保险经办机构提供社会保险咨询等相关服务。

第七十五条　全国社会保险信息系统按照国家统一规划，由县级以上人民政府按照分级负责的原则共同建设。

第十章　社会保险监督

第七十六条　各级人民代表大会常务委员会听取和审议本级人民政府对社会保险基金的收支、管理、投资运营以及监督检查情况的专项工作报告，组织对本法实施情况的执法检查等，依法行使监督职权。

第七十七条　县级以上人民政府社会保险行政部门应当加强对用人单位和个人遵守社会保险法律、法规情况的监督检查。

社会保险行政部门实施监督检查时，被检查的用人单位和个人应当如实提供与社会保险有关的资料，不得拒绝检查或者谎报、瞒报。

第七十八条　财政部门、审计机关按照各自职责，对社会保险基金的收支、管理和投资运营情况实施监督。

第七十九条　社会保险行政部门对社会保险基金的收支、管理和投资运营情况进行监督检查，发现存在问题的，应当提出整改建议，依法作出处理决定或者向有关行政部门提出处理建议。社会保险基金检查结果应当定期向社会公布。

社会保险行政部门对社会保险基金实施监督检查，有权采取下列措施：

（一）查阅、记录、复制与社会保险基金收支、管理和投资运营相关的资料，对可能被转移、隐匿或者灭失的资料予以封存；

（二）询问与调查事项有关的单位和个人，要求其对与调查事项有关的问题作出说明、提供有关证明材料；

（三）对隐匿、转移、侵占、挪用社会保险基金的行为予以制止并责令改正。

第八十条 统筹地区人民政府成立由用人单位代表、参保人员代表，以及工会代表、专家等组成的社会保险监督委员会，掌握、分析社会保险基金的收支、管理和投资运营情况，对社会保险工作提出咨询意见和建议，实施社会监督。

社会保险经办机构应当定期向社会保险监督委员会汇报社会保险基金的收支、管理和投资运营情况。社会保险监督委员会可以聘请会计师事务所对社会保险基金的收支、管理和投资运营情况进行年度审计和专项审计。审计结果应当向社会公开。

社会保险监督委员会发现社会保险基金收支、管理和投资运营中存在问题的，有权提出改正建议；对社会保险经办机构及其工作人员的违法行为，有权向有关部门提出依法处理建议。

第八十一条 社会保险行政部门和其他有关行政部门、社会保险经办机构、社会保险费征收机构及其工作人员，应当依法为用人单位和个人的信息保密，不得以任何形式泄露。

第八十二条 任何组织或者个人有权对违反社会保险法律、法规的行为进行举报、投诉。

社会保险行政部门、卫生行政部门、社会保险经办机构、社会保险费征收机构和财政部门、审计机关对属于本部门、本机构职责范围的举报、投诉，应当依法处理；对不属于本部门、本机构职责范围的，应当书面通知并移交有权处理的部门、机构处理。有权处理的部门、机构应当及时处理，不得推诿。

第八十三条 用人单位或者个人认为社会保险费征收机构的行为侵害自己合法权益的，可以依法申请行政复议或者提起行政诉讼。

用人单位或者个人对社会保险经办机构不依法办理社会保险登记、核定社会保险费、支付社会保险待遇、办理社会保险转移接续手续或者侵害其他社会保险权益的行为，可以依法申请行政复议或者提起行政诉讼。

个人与所在用人单位发生社会保险争议的，可以依法申请调解、仲裁，提起诉讼。用人单位侵害个人社会保险权益的，个人也可以要求社会保险行政部门或者社会保险费征收机构依法处理。

第十一章　法律责任

第八十四条　用人单位不办理社会保险登记的，由社会保险行政部门责令限期改正；逾期不改正的，对用人单位处应缴社会保险费数额一倍以上三倍以下的罚款，对其直接负责的主管人员和其他直接责任人员处五百元以上三千元以下的罚款。

第八十五条　用人单位拒不出具终止或者解除劳动关系证明的，依照《中华人民共和国劳动合同法》的规定处理。

第八十六条　用人单位未按时足额缴纳社会保险费的，由社会保险费征收机构责令限期缴纳或者补足，并自欠缴之日起，按日加收万分之五的滞纳金；逾期仍不缴纳的，由有关行政部门处欠缴数额一倍以上三倍以下的罚款。

第八十七条　社会保险经办机构以及医疗机构、药品经营单位等社会保险服务机构以欺诈、伪造证明材料或者其他手段骗取社会保险基金支出的，由社会保险行政部门责令退回骗取的社会保险金，处骗取金额二倍以上五倍以下的罚款；属于社会保险服务机构的，解除服务协议；直接负责的主管人员和其他直接责任人员有执业资格的，依法吊销其执业资格。

第八十八条　以欺诈、伪造证明材料或者其他手段骗取社会保险待遇的，由社会保险行政部门责令退回骗取的社会保险金，处骗取金额二倍以上五倍以下的罚款。

第八十九条　社会保险经办机构及其工作人员有下列行为之一的，由社会保险行政部门责令改正；给社会保险基金、用人单位或者个人造成损失的，依法承担赔偿责任；对直接负责的主管人员和其他直接责任人员依法给予处分：

（一）未履行社会保险法定职责的；

（二）未将社会保险基金存入财政专户的；

（三）克扣或者拒不按时支付社会保险待遇的；

（四）丢失或者篡改缴费记录、享受社会保险待遇记录等社会保险数据、个人权益记录的；

（五）有违反社会保险法律、法规的其他行为的。

第九十条　社会保险费征收机构擅自更改社会保险费缴费基数、费率，导致少收或者多收社会保险费的，由有关行政部门责令其追缴应当缴纳的社会保险费或者退还不应当缴纳的社会保险费；对直接负责的主管人员和其他直接责任人员依法给予处分。

第九十一条 违反本法规定，隐匿、转移、侵占、挪用社会保险基金或者违规投资运营的，由社会保险行政部门、财政部门、审计机关责令追回；有违法所得的，没收违法所得；对直接负责的主管人员和其他直接责任人员依法给予处分。

第九十二条 社会保险行政部门和其他有关行政部门、社会保险经办机构、社会保险费征收机构及其工作人员泄露用人单位和个人信息的，对直接负责的主管人员和其他直接责任人员依法给予处分；给用人单位或者个人造成损失的，应当承担赔偿责任。

第九十三条 国家工作人员在社会保险管理、监督工作中滥用职权、玩忽职守、徇私舞弊的，依法给予处分。

第九十四条 违反本法规定，构成犯罪的，依法追究刑事责任。

第十二章　附　　则

第九十五条 进城务工的农村居民依照本法规定参加社会保险。

第九十六条 征收农村集体所有的土地，应当足额安排被征地农民的社会保险费，按照国务院规定将被征地农民纳入相应的社会保险制度。

第九十七条 外国人在中国境内就业的，参照本法规定参加社会保险。

第九十八条 本法自 2011 年 7 月 1 日起施行。

社会保险基金财务制度

2017 年 8 月 22 日　财社〔2017〕144 号

第一章　总　　则

第一条　为规范社会保险基金（以下简称“基金”）财务管理行为，加强基金收支的监督管理，维护公民依法参加社会保险和享受社会保险待遇的合法权益，根据《中华人民共和国社会保险法》（以下简称《社会保险法》）、《中华人民共和国预算法》（以下简称《预算法》）、《中华人民共和国劳动法》等相关法律法规，制定本制度。

第二条　本制度适用于中华人民共和国境内依据《社会保险法》建立的企业职工基本养老保险基金、城乡居民基本养老保险基金、机关事业单位基本养老保险基金、职工基本医疗保险基金、城乡居民基本医疗保险基金（包括城镇居民基本医疗保险基金、新型农村合作医疗基金、合并实施的城乡居民基本医疗保险基金）、工伤保险基金、失业保险基金、生育保险基金等基金的财务活动。

生育保险与职工基本医疗保险合并实施的统筹地区，不再单列生育保险基金。

第三条　本制度所称基金是指为了保障参保对象的权益和社会保险待遇，根据国家法律法规规定，由单位和个人缴纳、政府补助以及通过其他合法方式筹集的专项资金。

第四条　基金财务管理包括以下任务：

（一）贯彻执行国家法律法规和方针政策，依法筹集和使用基金，确保各项基金应收尽收和社会保险待遇按时足额发放；

（二）合理编制基金预算，强化收支预算执行，严格编制基金决算，真实准确反映基金预算执行情况；

（三）健全财务管理制度，加强基金核算分析，积极稳妥开展基本养老保险基金投资运营，实现基金保值增值；

（四）加强基金财务监督和内部控制，确保基金运行安全、完整、可持续。

第五条 社会保险基金财务管理和会计核算一般采用收付实现制，基本养老保险基金委托投资等部分经济业务或事项采用权责发生制。

第六条 基金纳入社会保障基金财政专户（以下简称财政专户），实行“收支两条线”管理。基金按照险种及不同制度分别建账、分账核算、分别计息、专款专用。基金之间不得相互挤占和调剂，不得违规投资运营，不得用于平衡一般公共预算。

第七条 财政部门、社会保险行政部门（卫生计生部门负责管理新型农村合作医疗及合并实施的城乡居民基本医疗保险的，为卫生计生部门，下同）及所属社会保险经办机构（简称“经办机构”）按照各自职责分工，加强对社会保险基金管理和监督，逐步实现部门间财务信息共享，促进基金管理科学化、规范化。

第二章　基金预算

第八条 基金预算是指根据国家预算管理和社会保险相关法律法规编制，经法定程序审批、具有法律效力的年度基金财务收支计划。基金预算由基金收入预算和基金支出预算组成。社会保险基金预算应当做到收支平衡。

社会保险基金预算编制应按照《预算法》《社会保险法》《预算法实施条例》以及国务院有关规定执行。

第九条 社会保险基金预算保持独立完整，与一般公共预算相衔接。基金预算按险种、不同制度和统筹地区分别编制。年度终了前，统筹地区经办机构应按照规定表式、时间和编制要求，综合考虑本年度预算执行情况、下年度经济社会发展水平以及社会保险工作计划等因素，编制下年度基金预算草案，报本级社会保险行政部门审核汇总。由税务机关负责征收的险种，社会保险费收入预算草案由经办机构会同税务机关编制。

第十条 财政部门负责审核并汇总编制社会保险年度基金预算草案，会同社会保险行政部门上报同级人民政府，经同级人大批准后，批复经办机构具体执行，并报上级财政部门和社会保险行政部门备案。由税务机关负责征收的险种，社会保险费收入预算批复税务机关和经办机构。

第十一条 经办机构严格按照批复预算执行，定期向同级财政部门和社会保险行政部门报告预算执行情况。财政部门和社会保险行政部门应逐级汇总上报预算执行情况，并加强基金运行监控，发现问题及时处置。由税务机关负责征收的险种，税务机关应严格按照批准的预算和规定的程序执行，定期向同级财政部门和社会保险行政部门报告。

第十二条 基金预算不得随意调整。执行中因特殊原因需要调整时，统筹地区经办机构应当编制预算调整方案，报同级社会保险行政部门审核汇总。统筹地区财政部门审核并汇总编制预算调整方案，会同社会保险行政部门上报同级人民政府，按要求经同级人大常务委员会批准后，批复经办机构执行，并报上级财政部门和社会保险行政部门备案。由税务机关负责征收的险种，社会保险费收入预算调整方案由经办机构会同税务机关提出，并批复税务机关和经办机构。税务机关应严格按照批准的预算和规定程序执行，定期向同级财政部门和社会保险行政部门报告。

第三章 基金筹集

第十三条 基金收入包括：社会保险费收入、财政补贴收入、集体补助收入、利息收入、委托投资收益、转移收入、上级补助收入、下级上解收入、其他收入等。上述基金收入项目按规定分别形成各项基金。

社会保险费收入指用人单位和个人按规定缴纳的社会保险费，或其他资金（含财政资金）代参保对象缴纳的社会保险费收入。

财政补贴收入指财政给予基金的补助、对参保人员的缴费补贴、对参保对象的待遇支出补助。

集体补助收入指村（社区）等集体经济组织对参保人的补助。

利息收入是指社会保险基金在收入户、财政专户及支出户中银行存款产生的利息收入或社会保险基金购买国债取得的利息收入。

委托投资收益指社会保险基金按照国家有关规定委托国家授权的管理机构进行投资运营所取得的净收益或发生的净损失。

转移收入指参保对象跨统筹地区、或跨制度流动而划入的基金收入。

上级补助收入指下级接收上级拨付的补助收入。

下级上解收入指上级接收下级上解的基金收入。

其他收入指滞纳金、违约金，跨年度退回或追回的社会保险待遇，及公益慈善等社会经济组织和个人捐助，以及其他经统筹地区财政部门核准的收入。

第十四条 企业职工基本养老保险基金收入包括基本养老保险费收入、财政补贴收入、利息收入、委托投资收益、转移收入、上级补助收入、下级上解收入、其他收入。其中：基本养老保险费收入指单位和个人按规定的缴费基数和缴费比例分别缴纳的基本养老保险费。

第十五条 城乡居民基本养老保险基金收入包括个人缴费收入、集体补助收入、财政补贴收入、利息收入、委托投资收益、转移收入、上级补助收入、下级上解收入、其他收入。其中：个人缴费收入指参保城乡居民按照规定标准缴纳的城乡居民基本养老保险费收入，包括财政资金代参保对象缴纳的基本养老保险费收入。

追回重复领取的城乡居民基本养老保险待遇并从企业职工基本养老保险待遇中抵扣的列其他收入。

第十六条 机关事业单位基本养老保险基金收入包括基本养老保险费收入、财政补贴收入、利息收入、委托投资收益、转移收入、上级补助收入、下级上解收入、其他收入。其中：基本养老保险费收入指单位和个人按缴费基数的一定比例分别缴纳的基本养老保险费。

第十七条 职工基本医疗保险基金收入按规定分别计入职工基本医疗保险统筹基金收入和职工基本医疗保险个人账户收入。

职工基本医疗保险统筹基金收入包括按规定计入统筹基金账户的医疗保险费收入、财政补贴收入、利息收入、上级补助收入、下级上解收入、其他收入。其中：医疗保险费收入指用人单位和个人按照规定缴费基数和费率缴纳的医疗保险费以及其他资金资助参保对象缴纳的保费收入。

职工基本医疗保险个人账户收入包括按规定计入个人账户的医疗保险费收入、利息收入、转移收入、上级补助收入、下级上解收入、其他收入。

第十八条 城乡居民基本医疗保险基金收入包括城乡居民基本医疗保险费收入、财政补贴收入、利息收入、上级补助收入、下级上解收入、其他收入。其中：

城乡居民基本医疗保险费收入指城乡居民按照规定缴费标准缴纳的保费收入，有条件的用人单位对职工家属参保缴费给予的资助，乡村集体经济组织对农民参保缴费给予的资助，以及城乡医疗救助基金等资助参保对象缴纳的保费收入。

新型农村合作医疗统筹地区可从基金收入中提取风险基金，主要用于弥补基金非正常超支造成的基金临时周转困难等。风险基金可由统筹地区或省级统一管理。

第十九条　工伤保险基金收入包括工伤保险费收入、财政补贴收入、利息收入、上级补助收入、下级上解收入、其他收入。其中：

工伤保险费收入是指用人单位按照规定缴费基数和费率缴纳及难以直接按照工资总额计算缴纳工伤保险费的部分行业企业按规定方式缴纳的工伤保险费。

工伤保险省级统筹实行省级调剂金管理的省份，由省级建立调剂金，用于调剂解决各市（地）工伤保险基金支出缺口。各市（地）将基金收入按照一定规则和比例上解到省级财政专户集中管理。

第二十条　失业保险基金收入包括失业保险费收入、财政补贴收入、利息收入、转移收入、上级补助收入、下级上解收入、其他收入。其中：失业保险费收入指用人单位和个人按照规定缴费基数和费率缴纳的失业保险费。

第二十一条　生育保险基金收入包括生育保险费收入、财政补贴收入、利息收入、上级补助收入、下级上解收入、其他收入。其中：生育保险费收入是指用人单位按照规定缴费基数和费率缴纳的生育保险费。

第二十二条　基金应按照《社会保险法》和其他有关行政法规规定按时、足额筹集，任何地区、部门、单位和个人不得截留和减免。

社会保险费征收机构应当依照法律、行政法规的规定，及时、足额征收应征社会保险费，不得违反法律、行政法规规定多征或减征，不得截留、占用或挪用。

各级财政部门应根据《预算法》和《社会保险法》等法律、法规及相关制度规定安排基金财政补助，纳入同级财政年度预算并按规定程序及时办理拨付手续。

用人单位和个人应当以货币形式全额缴纳社会保险费，严禁以物抵费，对于未按规定按时足额缴纳社会保险费的用人单位，征收机构按照有关法律法规进行处理。

第二十三条　社会保险费征收机构应当按时足额将征收的基金收入缴入财政专户，具体时间和方式由各省、自治区、直辖市自定。缴入资金时，须填制银行制发的进账单、划款凭证（一式多联）或其他有效凭证，有关部门或机构凭该凭证记账。

税务机关征收社会保险费的，经办机构应及时向税务机关提供征收所需的用人单位和个人参保登记等相关信息，税务机关应及时向经办机构提供征收信息、征收明细数据等相关情况。

第四章　基金支付

第二十四条　基金支出包括社会保险待遇支出、转移支出、补助下级支出、上解上级支出、其他支出等。

社会保险待遇支出指按规定支付给社会保险对象的待遇支出，包括为特定人群缴纳社会保险费形成的支出。

转移支出指参保对象跨统筹地区或跨制度流动转出的基金支出。

补助下级支出指上级拨付下级的支出。

上解上级支出指下级上解上级的支出。

其他支出指经国务院批准或国务院授权省级人民政府批准开支的其他非社会保险待遇性质的支出。

第二十五条　企业职工基本养老保险基金支出包括养老保险待遇支出、转移支出、补助下级支出、上解上级支出、其他支出。

养老保险待遇支出包括基本养老金、医疗补助金、丧葬补助金和抚恤金、病残津贴。

基本养老金包括基础养老金、个人账户养老金、过渡性养老金和支付给《国务院关于建立统一的企业职工养老保险制度的决定》（国发〔1997〕26号）实施前已经离休、退休和退职人员的离休金、退休金、退职金、补贴。个人账户养老金包括按月支付的个人账户养老金支出以及个人账户一次性支出。个人账户一次性支出指参加企业职工基本养老保险的个人由于死亡、出国（境）定居等情况下退还其本人个人账户资金额的支出。

医疗补助金指按规定支付已纳入企业职工基本养老保险基金开支范围的离休、退休、退职人员的医疗费用。

丧葬补助金和抚恤金指用于已纳入企业职工基本养老保险基金开支范围的参保人员因病或非因工死亡后的丧葬补助费用及其遗属的抚恤费用。

病残津贴指按国家规定标准对未达到法定退休年龄时因病或非因工致残完

全丧失劳动能力的参保人员发放的基本生活费。

从企业职工基本养老保险基金中抵扣重复领取的城乡居民基本养老保险待遇支出从其他支出中列支。

第二十六条 城乡居民基本养老保险基金支出包括养老保险待遇支出、转移支出、补助下级支出、上解上级支出、其他支出。

养老保险待遇支出包括按规定支付给参保城乡居民的基础养老金和个人账户养老金，以及丧葬补助金。

基础养老金指按规定计发标准，由各级财政为符合待遇领取条件的参保城乡居民全额予以补助的养老金待遇。

个人账户养老金指参保城乡居民达到养老保险待遇领取条件时，按照个人账户全部储存额除以计发月数，支付给参保城乡居民的养老金待遇，以及个人账户一次性支出。个人账户一次性支出指参加城乡居民基本养老保险的个人由于死亡、出国（境）定居以及在企业职工基本养老保险和城乡居民基本养老保险重复缴费等情况下退还其本人个人账户存储额的支出。

丧葬补助金指在建立丧葬补助金制度的地区，参保人死亡后，政府给予遗属用于丧葬的补助费用。

转移支出指跨统筹地区或跨制度流动转出的个人账户资金额等。

第二十七条 机关事业单位基本养老保险基金支出包括养老保险待遇支出、转移支出、补助下级支出、上解上级支出、其他支出。

养老保险待遇支出包括基本养老金、丧葬补助金和抚恤金、病残津贴。

基本养老金包括基础养老金、个人账户养老金、过渡性养老金，机关事业单位工作人员养老保险制度改革实施前已经退休、退职人员的退休（职）费和病退人员生活费，以及按照人力资源社会保障部、财政部《关于贯彻落实〈国务院关于机关事业单位工作人员养老保险制度改革的决定〉的通知》（人社部发〔2015〕28号）规定在10年过渡期内退休人员按新老办法对比后的补差资金。个人账户养老金包括按月支付的个人账户养老金支出以及个人账户一次性支出。个人账户一次性支出指参加机关事业单位基本养老保险的个人由于死亡、出国（境）定居等情况下退还其本人个人账户余额的支出。

丧葬补助金和抚恤金指用于已纳入机关事业单位基本养老保险基金开支范围的参保人员因病或非因工死亡后的丧葬补助费用及其遗属的抚恤费用。

病残津贴指按国家规定标准对未达到法定退休年龄时因病或非因工致残完全丧失劳动能力的参保人员发放的基本生活费。

第二十八条 职工基本医疗保险基金支出包括职工基本医疗保险待遇支出、转移支出、补助下级支出、上解上级支出、其他支出。

职工基本医疗保险待遇支出按规定分别计入职工基本医疗保险统筹基金待遇支出和职工基本医疗保险个人账户待遇支出。

职工基本医疗保险统筹基金待遇支出指按规定在统筹基金支付范围以内，在起付标准以上、最高支付限额以下由统筹基金支付的医疗费补偿支出，包括住院费用支出、门诊大病和门诊统筹费用支出。生育保险与职工基本医疗保险合并实施的统筹地区，职工基本医疗保险统筹基金待遇支出中包含生育待遇支出。生育待遇支出包括生育医疗费用支出和生育津贴支出。

职工基本医疗保险个人账户待遇支出指按规定由个人账户开支的支出，主要包括个人自付的门诊费用支出、住院费用支出、在定点零售药店发生的医药费支出。个人账户资金原则上不得用于非医疗支出。

职工基本医疗保险基金的补助下级支出、上解上级支出根据具体情况分别在统筹基金和个人账户基金中列支。

职工基本医疗保险基金的转移支出在个人账户基金中列支。

第二十九条 城乡居民基本医疗保险基金支出包括城乡居民基本医疗保险待遇支出、划转用于城乡居民大病保险支出、补助下级支出、上解上级支出、其他支出。

城乡居民基本医疗保险待遇支出指基金对参保城乡居民医疗费用的补偿支出，主要包括住院费用支出，门诊费用纳入基金支付范围的地区也包括门诊费用支出。

划转用于城乡居民大病保险支出指按照规定从城乡居民基本医疗保险基金中划出一定比例或额度作为城乡居民大病保险的支出。

第三十条 工伤保险基金支出包括工伤保险待遇支出、劳动能力鉴定支出、工伤预防费用支出、补助下级支出、上解上级支出、其他支出。

工伤保险待遇支出指经工伤认定后职工应享受由工伤保险基金负担的支出。具体包括工伤医疗待遇支出、伤残待遇支出和工亡待遇支出。其中，工伤医疗待遇支出是指治疗工伤的医疗费用、康复费用、安装配置伤残辅助器具所需费用、住院伙食补助费、到统筹地区以外就医的交通食宿费；伤残待遇支出是指经劳动能力鉴定委员会确认需要生活护理的工伤人员生活护理费、一次性伤残补助金、一至四级工伤职工按月领取的伤残津贴、五至十级伤残职工按规定领取的一次性工伤医疗补助金、由工伤保险基金支付的工伤职工达到退休年龄并办理退休手续后领取的养老保险待遇低于伤残津贴以及一至四级工伤职工伤残津贴实际额低于当地最低工资标准由工伤保险基金补充的差额部分；工亡待遇支出是指职工因工死亡后，由工伤保险基金支付给的丧葬补助金、供养亲属抚恤金和一次性工亡补助金。

劳动能力鉴定支出指劳动能力鉴定委员会在进行劳动能力初次鉴定、再次鉴定、复查鉴定活动中及工伤职工辅助器具使用等确认工作中产生的，应由工伤保险基金负担的支出。

工伤预防费用支出指按规定用于工伤预防的宣传、培训等方面的支出。

第三十一条　失业保险基金支出包括失业保险待遇支出、稳定岗位补贴支出、技能提升补贴支出、转移支出、补助下级支出、上解上级支出、其他支出。其中：

失业保险待遇支出包括失业保险金支出、基本医疗保险费支出、丧葬补助金和抚恤金支出、职业培训和职业介绍补贴支出、其他费用支出。失业保险金支出指按规定支付给失业人员的失业保险金。基本医疗保险费支出指按规定为领取失业保险金人员参加职工基本医疗保险缴纳的基本医疗保险费支出，包括按规定支付给失业人员在领取失业保险金期间的医疗补助金支出。丧葬补助金和抚恤金支出指按规定支付给在领取失业保险金期间死亡的失业人员的丧葬补助费用及由其供养的配偶、直系亲属的抚恤金支出。职业培训和职业介绍补贴支出指按规定支付给失业人员在领取失业保险金期间接受职业培训、职业介绍的补贴支出。其他费用支出包括农民合同制工人一次性生活补助金和价格临时补贴支出及国家规定的其他费用。农民合同制工人一次性生活补助金支出指按规定一次性支付给合同期满不再续订或者提前解除劳动合同的农民合同制工人的生活补助费支出。价格临时补贴支出指按规定给予领取失业保险金人员的价格临时补贴支出。

稳定岗位补贴支出指按规定对稳定岗位的用人单位给予的补贴。

技能提升补贴支出指按规定对符合条件的企业职工提升技能给予的补贴。

第三十二条　生育保险基金支出包括生育保险待遇支出、补助下级支出、上解上级支出、其他支出。

第三十三条　根据社会保险的统筹范围和社会保险年度基金预算，按照国家规定的项目和标准安排基金支出，任何地区、部门、单位、个人不得增加支出项目、扩大享受人员范围、提高开支标准、虚报冒领及骗取、套取基金。

第三十四条　基金不得用于运行费用、财务费用（含银行手续费）、管理费用、兴建改建办公场所和支付人员经费，或者违反法律法规规定挪作他用。

第三十五条 基金支付需严格履行申报审核程序。经办机构根据财政部门批复的社会保险基金预算，在规定时间内向同级财政部门提交用款计划。对不符合规定的用款计划，财政部门有权不予拨款并责成经办机构予以纠正。除国家另有规定外，财政部门对用款计划审核无误后，应在规定时间内从财政专户拨付基金。社会保险经办机构应在规定时间内支付待遇。具体时间由各省、自治区、直辖市确定。

第五章　基金结余

第三十六条 基金结余指基金收支相抵后的期末余额。包括企业职工基本养老保险基金结余、城乡居民基本养老保险基金结余、机关事业单位基本养老保险基金结余、职工基本医疗保险基金结余、城乡居民基本医疗保险基金结余、工伤保险基金结余、失业保险基金结余、生育保险基金结余等。

职工基本医疗保险基金和城乡居民基本医疗保险基金遵循以收定支、收支平衡、略有结余的原则。新型农村合作医疗基金累计结余应不超过当年筹集基金总额的25%（含风险基金）。

职工基本医疗保险基金结余包括统筹基金结余和个人账户基金结余。职工基本医疗保险基金实行分账核算、统一管理。

工伤保险基金应按规定留存一定比例储备金。

第三十七条 基金结余除预留一定的支付费用外，应在保证安全的前提下，按照国务院相关规定开展投资运营实现保值增值。社会保险行政部门和财政部门对基金投资运营实施严格监管。

企业职工基本养老保险基金结余应当预留相当于两个月的支付费用。

第三十八条 基金当年入不敷出时，按以下顺序保障基金支付：

（一）动用历年滚存结余中的存款。

（二）建立基金调剂金的地区由上级调剂安排，提取风险基金的新型农村合作医疗统筹地区按程序申请动用风险基金，提取储备金的工伤保险统筹地区按程序申请动用储备金。

（三）转让或提前变现基金投资产品。

（四）同级财政部门给予补贴。

（五）在财政给予支持的同时，按照国务院有关规定报批后调整社会保险缴费比例或待遇支付政策。职工基本医疗保险基金在申请调整缴费比例之前可经同级财政部门审核并报同级人民政府批准后，在国家规定的范围内，调整单位缴纳的基本医疗保险费划入职工基本医疗保险统筹基金与职工基本医疗保险个人账户基金之间的比例。

第六章　账户管理

第三十九条　基金账户分为财政专户、收入户和支出户。

第四十条　实行经办机构征收社会保险费的地区，经办机构可以设立社会保险基金收入户。

收入户的主要用途是：暂存由经办机构征收的社会保险费收入；暂存上级经办机构下拨或下级经办机构上解的基金收入；暂存该账户利息收入；暂存社会保险基金转移收入以及其他收入等。收入户除向财政专户划转基金、向上级经办机构缴拨基金、原渠道退回保险费收入、退回转移收入等情形外不得发生其他支付业务。

实行税务机关征收社会保险费的地区税务机关不设收入户，基金及时划入财政专户。

收入户原则上月末无余额。

第四十一条　经办机构设立社会保险基金支出户。

支出户的主要用途是：接受财政专户拨入基金；暂存社会保险支付费用及该账户利息收入；支付基金支出款项；向财政专户缴入该账户利息收入；上解上级经办机构基金或下拨下级经办机构基金。

支出户除接受财政专户拨入的基金、上级经办机构拨付基金、暂存该账户利息收入、原渠道退回支付资金外，不得发生其他收入业务。

第四十二条　财政部门按照国家有关财政专户管理的规定设立财政专户。财政专户的主要用途是：接收税务机关或经办机构缴入的社会保险费收入；接收税务机关或收入户缴入的利息收入及其他收入；根据委托投资合同或有关计划接收和拨付投资运营基金；接收基金投资收益及支出户缴入的利息收入等；接收财政补贴收入；接收转移收入；接收上级财政专户划拨或下级财政专户上解基金；向上级或下级财政专户上缴或划拨基金；根据经办机构用款计划和预算向支出户拨付基金或按国家规定直接与有关机构办理基金结算；办理跨省异地就医结算业务；国家规定的其他用途。各级财政部门国库管理机构应当按月提供对账凭证，与社会保险经办机构核对账目。

第四十三条 财政专户发生的利息收入直接计入财政专户，收入户和支出户的利息收入定期缴入财政专户，且不得跨年。银行提供一式多联的利息通知单，同时送财政部门和经办机构分别记账。

财政部门应按月与经办机构沟通财政专户资金存储额变动情况，实现信息共享。

第四十四条 财政补贴收入由国库直接划入财政专户。专户银行出具一式多联原始凭证交财政部门和经办机构记账。

第四十五条 经办机构设立收入户的地区，在发生基金下拨业务时，根据经办机构的缴拨计划（简称缴拨计划，下同），财政部门应将基金从财政专户拨入同级经办机构的支出户，经下级经办机构收入户进入下级财政专户；在发生基金上缴业务时，财政部门应根据经办机构的缴拨计划，将基金从财政专户划入同级经办机构的支出户，经上级经办机构收入户进入上级财政专户。发生基金转移业务时，财政部门应根据经办机构的缴拨计划，将基金从财政专户划入同级经办机构支出户，经基金接收地经办机构收入户进入财政专户。

不设收入户的地区，发生基金上下级缴拨业务，财政部门应根据缴拨计划，将基金从上级财政专户拨入下级财政专户或从下级财政专户上解入上级财政专户。财政部门和经办机构凭财政专户缴拨凭证记账。在发生基金转移业务时，财政部门应根据缴拨计划，将基金从财政专户直接拨入基金接收地财政专户。

统筹层次较高、下级不设财政专户的地区，发生基金下拨业务时，上级财政部门应根据缴拨计划，将基金从财政专户拨入同级经办机构的支出户，再划入下级经办机构支出户。发生基金上缴业务时，从下级收入户直接上缴至上级收入户，再划入上级财政专户。

在发生跨省职工基本医疗保险和城乡居民基本医疗保险基金拨付业务时，财政部门应根据拨付计划，将基金从本省（区、市）省级财政专户直接划转拨入地省（区、市）省级财政专户。省本级不设财政专户的，可委托省会城市经办跨省社会保险基金拨付业务。

第四十六条 财政专户发生的收支，财政部门凭银行出具的原始凭证记账；银行出具一式多联原始凭证交财政部门和经办机构记账。

第四十七条 加强社会保险基金账户管理，清理归并社会保险基金收入户和支出户，根据业务工作实际情况，合理确定开户数量。新设经办机构原则上只开设一个收入户和一个支出户。

第四十八条　规范选择基金开户银行。根据资信状况、利率、网点分布、服务质量等相关因素，综合评定银行业金融机构管理服务水平，通过竞争性方式或集体决策方式，确定基金账户开户银行。

第四十九条　社会保险基金银行存款实行统一计息办法。对存入收入户和支出户的活期存款实行优惠利率，按三个月整存整取定期存款基准利率计息。对存入财政专户的存款，利率比照同期居民储蓄存款利率管理。

财政部门应按月或按季度商社会保险行政部门、经办机构制定财政专户资金购买国债和转存定期存款计划。

第七章　资产与负债

第五十条　资产包括基金运行过程中形成的现金、银行存款（含收入户存款、财政专户存款、国库存款、支出户存款）、投资、暂付款项、应收款项等。其中：暂付款包括总额预付资金、先行支付资金等。

经办机构和税务机关不得接受现金和现金支票、远期票据、有价证券等形式的缴费，支付基金采取安全高效的方式，减少现金支付。及时办理收付及存储手续，定期清理暂付款项。

财政部门、经办机构、税务机关定期对账，保证账账相符、账款相符。

确实无法收回的暂付款项，经统筹地区人民政府批准后核销。

第五十一条　负债包括基金运行过程中形成的借入款项、暂收款项、应付款项等。借入款项和暂收款项应定期清理、及时偿付。因债权人原因确实无法偿付的，经统筹地区财政部门批准后并入基金的其他收入。

第八章　基金决算

第五十二条　年度终了，统筹地区经办机构应按照规定编制年度社会保险基金决算草案，报同级社会保险行政部门审核汇总。经统筹地区财政部门审核并汇总编制，会同社会保险行政部门报本级人民政府审定后，提交同级人大常务委员会审查和批准。

第五十三条　统筹地区社会保险基金决算草案经本级人大常委会审批后，由同级财政部门、社会保险行政部门分别报送上级财政部门和社会保险行政部门。省级社会保险基金决算草案经省级人大常委会审批后，由省级财政部门、社会保险行政部门分别上报财政部、人力资源社会保障部和国家卫生计生委。

第五十四条 中央社会保险基金决算草案由人力资源社会保障部社会保险事业管理中心编制，报人力资源社会保障部审核汇总。经财政部审核并汇总编制，会同人力资源社会保障部报国务院审定后，提交全国人大常委会审查和批准。

第九章 监督检查

第五十五条 经办机构应当建立健全业务、财务、安全和风险管理制度，定期向社会公告基金收支、结余和收益情况，接受社会监督。

财政部门应当建立健全财政专户风险管理制度，定期向社会公告管理、存储结构、收益等情况，接受社会监督。

第五十六条 社会保险行政部门对社会保险基金的收支、管理和投资运营情况进行监督检查，发现存在问题的，应当提出整改建议，依法作出处理决定或者向有关行政部门提出处理建议。

财政部门、审计机关按照各自职责，对社会保险基金的收支、管理和运营情况实施监督。

第五十七条 社会保险行政部门、财政部门、审计部门应依法依规及时纠正社会保险基金管理中的违法违规行为，并采取以下措施：

（一）追回被截留、挤占、挪用、贪污的基金。

（二）退还多提、补足减免的基金。

（三）足额补发或追回违规支付的社会保险待遇支出。

（四）及时足额将收入户应缴未缴基金缴入财政专户。

（五）及时足额将财政专户基金拨付到支出户。

（六）及时足额将财政补助资金划入财政专户。

（七）停止违规投资运营行为，形成运营亏损的应向责任方追偿损失。

（八）国家法律法规和国务院社会保险行政部门、财政部门规定的其他处理办法。

第五十八条 对社会保险基金管理中的违法行为，按照《社会保险法》、《预算法》、《财政违法行为处罚处分条例》等法律法规追究法律责任。涉嫌犯罪的，依法移送司法机关处理。

第十章　附　　则

第五十九条　基金专用票据由省级财政部门统一印制，有条件的地区可实行基金票据电子化管理。社会保险费由税务机关征收的，可使用税收缴款书、税收收入退还书、税收完税证明作为征收票据。

第六十条　经办机构经办的各类其他社会保险，基金财务管理参照本制度执行。

第六十一条　本制度由财政部、人力资源社会保障部、国家卫生计生委解释和修订。

第六十二条　本制度自2018年1月1日起施行。《财政部　劳动和社会保障部关于印发〈社会保险基金财务制度〉的通知》（财社字〔1999〕60号）、《财政部　劳动和社会保障部关于加强社会保险基金财务管理有关问题的通知》（财社〔2003〕47号）、《财政部　卫生部关于印发新型农村合作医疗基金财务制度的通知》（财社〔2008〕8号）、《财政部　人力资源社会保障部关于印发〈新型农村社会养老保险基金财务管理暂行办法〉的通知》（财社〔2011〕16号）、《财政部　人力资源社会保障部关于机关事业单位基本养老保险基金财务管理有关问题的通知》（财社〔2016〕101号）同时废止。

新旧社会保险基金会计制度有关衔接问题的处理规定

财政部对《社会保险基金会计制度》（财会〔1999〕20号）、《新型农村合作医疗基金会计制度》（财会〔2008〕1号）和《新型农村社会养老保险基金会计核算暂行办法》（财会〔2011〕3号）等社会保险基金相关会计制度（以下简称原制度）进行了全面整合和修订，于2017年11月28日发布了新《社会保险基金会计制度》（财会〔2017〕28号）（以下简称新制度），自2018年1月1日起施行。为了确保新旧制度顺利过渡，现对社会保险经办机构（以下简称经办机构）经办社会保险基金执行新制度有关衔接问题规定如下：

一、新旧制度衔接总要求

（一）自2018年1月1日起，经办机构应当严格按照新制度的规定对社会保险基金进行会计核算和编报财务报表。

（二）经办机构应当按照本规定做好新旧制度的衔接。相关工作包括以下几个方面：

1. 根据原账编制2017年12月31日的科目余额表。

2. 按照新制度设立2018年1月1日的新账。

3. 将2017年12月31日原账科目余额按照本规定进行调整，按调整后的科目余额编制科目余额表，作为新账各会计科目的期初余额。上述“原账科目”指原制度规定的会计科目，以及参照财政部印发的相关补充规定增设的会计科目。

新旧会计科目对照情况参见本规定附表。

4. 根据新账各会计科目期初余额，按照新制度编制 2018 年 1 月 1 日期初资产负债表。

（三）及时调整会计信息系统。经办机构应当对原有会计核算软件和会计信息系统及时进行更新和调试，正确实现数据转换，确保新旧账套的有序衔接。

二、将原账科目余额转入新账

（一）基本养老保险基金。

1. 资产类。

（1）“现金”“收入户存款”“支出户存款”“财政专户存款”“国库存款”“暂付款”和“债券投资”科目。

新制度设置了“库存现金”“收入户存款”“支出户存款”“财政专户存款”“国库存款”“暂付款”和“债券投资”科目，其核算内容与原账中上述相应科目的核算内容基本相同。转账时，应将原账中上述科目的余额直接转入新账中相应科目。新账中相应科目设有明细科目的，应将原账中上述科目的余额加以分析，分别转入新账中相应科目的相关明细科目。

（2）“应收委托投资收益”“委托投资”科目。

新制度设置了“委托投资”科目，并在该科目下设置“本金”“投资收益”等明细科目。按照《财政部关于做实企业职工基本养老保险个人账户中央补助资金投资会计核算有关问题的通知》（财会〔2014〕19 号）规定对委托投资进行会计处理的，应将原账中“应收委托投资收益”科目的余额转入新账中“委托投资——投资收益”科目，将原账中“委托投资”科目的余额转入新账中“委托投资——本金”科目。

2. 负债类。

（1）“暂收款”科目。

新制度设置了“暂收款”科目，其核算内容与原账中“暂收款”的核算内容基本相同。转账时，应将原账中“暂收款”科目的余额加以分析，分别转入新账中“暂收款”科目的相关明细科目。

（2）“临时借款”科目。

新制度未设置“临时借款”科目，但设置了“借入款项”科目，其核算内容与原账中“临时借款”科目核算内容基本相同。转账时，应将原账中“临时借款”科目的余额加以分析，分别转入新账中“借入款项”科目的相关明细科目。

3. 净资产类。

“基本养老保险基金”科目。

新制度未设置“基本养老保险基金”科目，但设置了“一般基金结余”科目。转账时，应将原账中“基本养老保险基金”科目的余额直接转入新账中“一般基金结余”科目。

4. 收入支出类。

由于原账中收入支出类科目年末无余额，不需进行转账处理。自 2018 年 1 月 1 日起，应当按照新制度设置收入支出类科目并进行账务处理。

（二）基本医疗保险基金。

1. 资产类。

“现金”“收入户存款”“支出户存款”“财政专户存款”“国库存款”“暂付款”和“债券投资”科目。

新制度设置了“库存现金”“收入户存款”“支出户存款”“财政专户存款”“国库存款”“暂付款”和“债券投资”科目，其核算内容与原账中上述相应科目的核算内容基本相同。转账时，应将原账中上述科目的余额直接转入新账中相应科目。新账中相应科目设有明细科目的，应将原账中上述科目的余额加以分析，分别转入新账中相应科目的相关明细科目。

2. 负债类。

（1）“暂收款”科目。

新制度设置了“暂收款”科目，其核算内容与原账中“暂收款”的核算内容基本相同。转账时，应将原账中“暂收款”科目的余额加以分析，分别转入新账中“暂收款”科目的相关明细科目。

（2）“临时借款”科目。

新制度未设置“临时借款”科目，但设置了“借入款项”科目，其核算内容与原账中“临时借款”科目核算内容基本相同。

转账时，应将原账中“临时借款”科目的余额加以分析，分别转入新账中“借入款项”科目的相关明细科目。

3. 净资产类。

“基本医疗保险统筹基金”和“医疗保险个人账户基金”科目。

新制度未设置“基本医疗保险统筹基金”“医疗保险个人账户基金”科

目，但设置了“一般基金结余”科目，并在该科目下设置了“统筹基金”“个人账户基金”明细科目。转账时，应将原账中“基本医疗保险统筹基金”科目的余额转入新账中“一般基金结余——统筹基金”科目，将原账中“医疗保险个人账户基金”科目的余额转入新账中“一般基金结余——个人账户基金”科目。

4. 收入支出类。

由于原账中收入支出类科目年末无余额，不需进行转账处理。自2018年1月1日起，应当按照新制度设置收入支出类科目并进行账务处理。

（三）失业保险基金。

1. 资产类。

“现金”“收入户存款”“支出户存款”“财政专户存款”“国库存款”“暂付款”和“债券投资”科目。

新制度设置了“库存现金”“收入户存款”“支出户存款”“财政专户存款”“国库存款”“暂付款”和“债券投资”科目，其核算内容与原账中上述相应科目的核算内容基本相同。转账时，应将原账中上述科目的余额直接转入新账中相应科目。新账中相应科目设有明细科目的，应将原账中上述科目的余额加以分析，分别转入新账中相应科目的相关明细科目。

2. 负债类。

（1）“暂收款”科目。

新制度设置了“暂收款”科目，其核算内容与原账中“暂收款”的核算内容基本相同。转账时，应将原账中“暂收款”科目的余额加以分析，分别转入新账中“暂收款”科目的相关明细科目。

（2）“临时借款”科目。

新制度未设置“临时借款”科目，但设置了“借入款项”科目，其核算内容与原账中“临时借款”科目核算内容基本相同。转账时，应将原账中“临时借款”科目的余额加以分析，分别转入新账中“借入款项”科目的相关明细科目。

3. 净资产类。

“失业保险基金”科目。

新制度未设置“失业保险基金”科目，但设置了“一般基金结余”科目。转账时，应将原账中“失业保险基金”科目余额直接转入新账中“一般基金结余”科目。

4. 收入支出类。

由于原账中收入支出类科目年末无余额，不需进行转账处理。自 2018 年 1 月 1 日起，应当按照新制度设置收入支出类科目并进行账务处理。

（四）新型农村合作医疗基金。

1. 资产类。

（1）“现金”“收入户存款”“支出户存款”“财政专户存款”和“暂付款”科目。

新制度设置了“库存现金”“收入户存款”“支出户存款”“财政专户存款”和“暂付款”科目，其核算内容与原账中上述相应科目的核算内容基本相同。转账时，应将原账中上述科目的余额直接转入新账中相应科目。新账中相应科目设有明细科目的，应将原账中上述科目的余额加以分析，分别转入新账中相应科目的相关明细科目。

（2）“缴存省级风险基金”科目。

新制度未设置“缴存省级风险基金”科目，但设置了“暂付款”科目，并在该科目下设置了“缴存风险基金”明细科目。转账时，应将原账中“缴存省级风险基金”科目余额转入新账中“暂付款——缴存风险基金”科目。

2. 负债类。

“暂收款”科目。

新制度设置了“暂收款”科目，核算内容较原账中的“暂收款”科目发生变化，不再核算经办机构在本年度收到的参合农民缴纳的以后年度个人缴费以及收到的其他属于以后年度的基金收入，相应内容转由新制度的“社会保险费收入”科目核算。转账时，如果原账中“暂收款”科目余额中包括在本年度收到的参合农民缴纳的以后年度个人缴费以及收到的其他属于以后年度的基金收入，则应对该科目余额进行分析：将在本年度收到的参合农民缴纳的以后年度个人缴费以及收到的其他属于以后年度的基金收入余额转入新账中“一般基金结余”科目，将剩余余额转入新账中“暂收款”科目的相关明细科目。

3. 净资产类。

（1）“统筹基金”科目。

新制度未设置“统筹基金”科目，但设置了“一般基金结余”科目和“风险基金结余”科目。转账时，将原账中“统筹基金——一般统筹基金”科目余额转入新账中“一般基金结余”科目，将原账中“统筹基金——风险基金”科目余额转入新账中“风险基金结余”科目。

（2）“家庭账户基金”科目。

新制度未设置“家庭账户基金”科目，但设置了“一般基金结余”科目。转账时，应将原账中“家庭账户基金”余额直接转入新账中“一般基金结余”科目，并可根据需要在新账中“一般基金结余”科目下设置“家庭账户基金”明细科目予以明细登记。

4. 收入支出类。

由于原账中收入支出类科目年末无余额，不需进行转账处理。自2018年1月1日起，应当按照新制度设置收入支出类科目并进行账务处理。

（五）新型农村社会养老保险基金。

1. 资产类。

“库存现金”“收入户存款”“支出户存款”“财政专户存款”“暂付款”和“债券投资”科目。

新制度设置了“库存现金”“收入户存款”“支出户存款”“财政专户存款”“暂付款”和“债券投资”科目，其核算内容与原账中上述相应科目的核算内容基本相同。转账时，应将原账中上述科目的余额直接转入新账中相应科目。新账中相应科目设有明细科目的，应将原账中上述科目的余额加以分析，分别转入新账中相应科目的相关明细科目。

2. 负债类。

“暂收款”科目。

新制度设置了“暂收款”科目，其核算内容与原账中“暂收款”的核算内容基本相同。转账时，应将原账中“暂收款”科目的余额加以分析，分别转入新账中“暂收款”科目的相关明细科目。

3. 净资产类。

“基金结余”科目。

新制度未设置“基金结余”科目，但设置了“一般基金结余”科目。转账时，应将原账中“基金结余”科目的余额直接转入新账中“一般基金结余”科目。

4. 收入支出类。

由于原账中收入支出类科目年末无余额，不需进行转账处理。自2018年1月1日起，应当按照新制度设置收入支出类科目并进行账务处理。

社会保险基金如有其他原账科目余额，应当参照本规定转入新账中相应科目。

三、财务报表新旧衔接

（一）社会保险基金 2018 年 1 月 1 日期初资产负债表的编制。

经办机构应当根据新账各会计科目期初余额，按照新制度编制 2018 年 1 月 1 日期初资产负债表。

（二）社会保险基金 2018 年度财务报表的编制。

经办机构应当按照新制度规定编制社会保险基金 2018 年度的月度、年度财务报表。在编制社会保险基金 2018 年度收支表时，不要求填列上年比较数。

四、其他衔接事项

经办机构经办的其他各类社会保险基金的新旧衔接问题，参照本规定执行。

附：新旧社会保险基金会计制度会计科目对照表

附表 1：　　新旧社会保险基金会计制度会计科目对照表

——基本养老保险基金

新《社会保险基金会计制度》会计科目			原《社会保险基金会计制度》及相关补充规定会计科目	
序号	编号	名称	编号	名称
一、资产类				
1	1001	库存现金	101	现金
2	1002	收入户存款	102	收入户存款
3	1003	财政专户存款	104	财政专户存款
4	1004	支出户存款	103	支出户存款
5	1005	国库存款	105	国库存款
6	1101	暂付款	111	暂付款
7	1201	债券投资	121	债券投资
8	1202	委托投资	115	应收委托投资收益*
			125	委托投资*
二、负债类				
9	2001	暂收款	211	暂收款
10	2101	借入款项	201	临时借款

续表

新《社会保险基金会计制度》会计科目			原《社会保险基金会计制度》及相关补充规定会计科目	
序号	编号	名称	编号	名称
三、净资产类				
11	3001	一般基金结余	301	基本养老保险基金
12	3101	风险基金结余		
13	3201	储备金结余		
四、收入类				
14	4001	社会保险费收入	401	基本养老保险费收入
15	4101	财政补贴收入	403	财政补贴收入
16	4102	集体补助收入		
17	4201	利息收入	402	利息收入
18	4202	委托投资收益	408	委托投资收益*
19	4301	转移收入	404	转移收入
20	4401	上级补助收入	405	上级补助收入
21	4402	下级上解收入	406	下级上解收入
22	4501	其他收入	409	其他收入
23	4601	待转社会保险费收入		
24	4602	待转利息收入		
五、支出类				
25	5001	社会保险待遇支出	501	基本养老金支出
			502	医疗补助金支出
			503	丧葬抚恤补助支出
26	5101	大病保险支出		
27	5102	劳动能力鉴定支出		
28	5103	工伤预防费用支出		
29	5104	稳定岗位补贴支出		
30	5105	技能提升补贴支出		
31	5201	转移支出	511	转移支出
32	5301	上解上级支出	513	上解上级支出
33	5302	补助下级支出	512	补助下级支出
34	5401	其他支出	519	其他支出

注："115 应收委托投资收益*""125 委托投资*"和"408 委托投资收益*"科目为《财政部关于做实企业职工基本养老保险个人账户中央补助资金投资会计核算有关问题的通知》（财会〔2014〕19号）增设的会计科目。

附表 2： 新旧社会保险基金会计制度会计科目对照表

——基本医疗保险基金

新《社会保险基金会计制度》会计科目			原《社会保险基金会计制度》及相关补充规定会计科目	
序号	编号	名称	编号	名称
一、资产类				
1	1001	库存现金	101	现金
2	1002	收入户存款	102	收入户存款
3	1003	财政专户存款	104	财政专户存款
4	1004	支出户存款	103	支出户存款
5	1005	国库存款	105	国库存款
6	1101	暂付款	111	暂付款
7	1201	债券投资	121	债券投资
8	1202	委托投资		
二、负债类				
9	2001	暂收款	211	暂收款
10	2101	借入款项	201	临时借款
三、净资产类				
11	3001	一般基金结余	301	基本医疗保险统筹基金
			302	医疗保险个人账户基金
12	3101	风险基金结余		
13	3201	储备金结余		
四、收入类				
14	4001	社会保险费收入	401	基本医疗保险统筹基金收入
			402	医疗保险个人账户基金收入
15	4101	财政补贴收入	401	基本医疗保险统筹基金收入
16	4102	集体补助收入		
17	4201	利息收入	401	基本医疗保险统筹基金收入
			402	医疗保险个人账户基金收入
18	4202	委托投资收益		
19	4301	转移收入	402	医疗保险个人账户基金收入
20	4401	上级补助收入	401	基本医疗保险统筹基金收入
21	4402	下级上解收入	401	基本医疗保险统筹基金收入
22	4501	其他收入	401	基本医疗保险统筹基金收入

续表

新《社会保险基金会计制度》会计科目			原《社会保险基金会计制度》及相关补充规定会计科目	
序号	编号	名称	编号	名称
23	4601	待转社会保险费收入	411	待转保险费收入
24	4602	待转利息收入	412	待转利息收入
五、支出类				
25	5001	社会保险待遇支出	501	基本医疗保险统筹基金支出
			502	医疗保险个人账户基金支出
26	5101	大病保险支出	503	购买大病保险支出*
27	5102	劳动能力鉴定支出		
28	5103	工伤预防费用支出		
29	5104	稳定岗位补贴支出		
30	5105	技能提升补贴支出		
31	5201	转移支出	502	医疗保险个人账户基金支出
32	5301	上解上级支出	501	基本医疗保险统筹基金支出
33	5302	补助下级支出	501	基本医疗保险统筹基金支出
34	5401	其他支出	501	基本医疗保险统筹基金支出

注："503 购买大病保险支出"为《财政部关于印发利用基本医疗保险基金向商业保险机构购买城乡居民大病保险会计核算补充规定的通知》(财会〔2013〕21 号)增设的会计科目。

附表 3:　　新旧社会保险基金会计制度会计科目对照表

——失业保险基金

新《社会保险基金会计制度》会计科目			原《社会保险基金会计制度》及相关补充规定会计科目	
序号	编号	名称	编号	名称
一、资产类				
1	1001	库存现金	101	现金
2	1002	收入户存款	102	收入户存款
3	1003	财政专户存款	104	财政专户存款
4	1004	支出户存款	103	支出户存款
5	1005	国库存款	105	国库存款
6	1101	暂付款	111	暂付款
7	1201	债券投资	121	债券投资
8	1202	委托投资		

续表

新《社会保险基金会计制度》会计科目			原《社会保险基金会计制度》及相关补充规定会计科目	
序号	编号	名称	编号	名称
二、负债类				
9	2001	暂收款	211	暂收款
10	2101	借入款项	201	临时借款
三、净资产类				
11	3001	一般基金结余	301	失业保险基金
12	3101	风险基金结余		
13	3201	储备金结余		
四、收入类				
14	4001	社会保险费收入	401	失业保险费收入
15	4101	财政补贴收入	403	财政补贴收入
16	4102	集体补助收入		
17	4201	利息收入	402	利息收入
18	4202	委托投资收益		
19	4301	转移收入		
20	4401	上级补助收入	404	上级补助收入
21	4402	下级上解收入	405	下级上解收入
22	4501	其他收入	409	其他收入
23	4601	待转社会保险费收入		
24	4602	待转利息收入		
五、支出类				
25	5001	社会保险待遇支出	501	失业保险金支出
			502	医疗补助金支出
			503	丧葬抚恤补助支出
			504	职业培训和职业介绍补贴支出
			505	基本生活保障补助支出
			509	其他费用支出
26	5101	大病保险支出		
27	5102	劳动能力鉴定支出		
28	5103	工伤预防费用支出		
29	5104	稳定岗位补贴支出		
30	5105	技能提升补贴支出		
31	5201	转移支出		
32	5301	上解上级支出	512	上解上级支出
33	5302	补助下级支出	511	补助下级支出
34	5401	其他支出	519	其他支出

附表4:　　新旧社会保险基金会计制度会计科目对照表

——新型农村合作医疗基金

新《社会保险基金会计制度》会计科目			原《新型农村合作医疗基金会计制度》会计科目	
序号	编号	名称	编号	名称
一、资产类				
1	1001	库存现金	1001	现金
2	1002	收入户存款	1003	收入户存款
3	1003	财政专户存款	1002	财政专户存款
4	1004	支出户存款	1004	支出户存款
5	1005	国库存款		
6	1101	暂付款	1101	暂付款
			1201	缴存省级风险基金
7	1201	债券投资		
8	1202	委托投资		
二、负债类				
9	2001	暂收款	2001	暂收款
10	2101	借入款项		
三、净资产类				
11	3001	一般基金结余	3001	统筹基金
			3002	家庭账户基金
			2001	暂收款
12	3101	风险基金结余	3001	统筹基金
13	3201	储备金结余		
四、收入类				
14	4001	社会保险费收入	4001	农民个人缴费收入
			4002	农村医疗救助资助收入
15	4101	财政补贴收入	4004	政府资助收入
16	4102	集体补助收入	4003	集体扶持收入
17	4201	利息收入	4005	利息收入
18	4202	委托投资收益		
19	4301	转移收入		
20	4401	上级补助收入		
21	4402	下级上解收入		
22	4501	其他收入	4006	其他收入
23	4601	待转社会保险费收入		
24	4602	待转利息收入		

续表

新《社会保险基金会计制度》会计科目			原《新型农村合作医疗基金会计制度》会计科目	
序号	编号	名称	编号	名称
五、支出类				
25	5001	社会保险待遇支出	5001	统筹基金支出
			5002	家庭账户基金支出
26	5101	大病保险支出	5003	购买大病保险支出*
27	5102	劳动能力鉴定支出		
28	5103	工伤预防费用支出		
29	5104	稳定岗位补贴支出		
30	5105	技能提升补贴支出		
31	5201	转移支出		
32	5301	上解上级支出		
33	5302	补助下级支出		
34	5401	其他支出		

注："5003 购买大病保险支出"为《财政部关于印发利用基本医疗保险基金向商业保险机构购买城乡居民大病保险会计核算补充规定的通知》（财会〔2013〕21 号）增设的会计科目。

附表5：新旧社会保险基金会计制度会计科目对照表

——新型农村社会养老保险基金

新《社会保险基金会计制度》会计科目			原《新型农村社会养老保险基金会计核算暂行办法》会计科目	
序号	编号	名称	编号	名称
一、资产类				
1	1001	库存现金	1001	库存现金
2	1002	收入户存款	1002	收入户存款
3	1003	财政专户存款	1003	财政专户存款
4	1004	支出户存款	1004	支出户存款
5	1005	国库存款		
6	1101	暂付款	1101	暂付款
7	1201	债券投资	1201	债券投资
8	1202	委托投资		
二、负债类				
9	2001	暂收款	2001	暂收款
10	2101	借入款项		

续表

新《社会保险基金会计制度》会计科目			原《新型农村社会养老保险基金会计核算暂行办法》会计科目	
序号	编号	名称	编号	名称
三、净资产类				
11	3001	一般基金结余	3001	基金结余
12	3101	风险基金结余		
13	3201	储备金结余		
四、收入类				
14	4001	社会保险费收入	4001	个人缴费收入
15	4101	财政补贴收入	4003	政府补贴收入
16	4102	集体补助收入	4002	集体补助收入
17	4201	利息收入	4004	利息收入
18	4202	委托投资收益		
19	4301	转移收入	4101	转移收入
20	4401	上级补助收入	4201	上级补助收入
21	4402	下级上解收入	4202	下级上解收入
22	4501	其他收入	4301	其他收入
23	4601	待转社会保险费收入		
24	4602	待转利息收入		
五、支出类				
25	5001	社会保险待遇支出	5001	养老金待遇支出
26	5101	大病保险支出		
27	5102	劳动能力鉴定支出		
28	5103	工伤预防费用支出		
29	5104	稳定岗位补贴支出		
30	5105	技能提升补贴支出		
31	5201	转移支出	5101	转移支出
32	5301	上解上级支出	5202	上解上级支出
33	5302	补助下级支出	5201	补助下级支出
34	5401	其他支出	5301	其他支出

财政部会计司有关负责人就印发《社会保险基金会计制度》和《新旧社会保险基金会计制度有关衔接问题的处理规定》答记者问

2017年12月14日

近日，为了适应社会保障体系建设需要，进一步规范社会保险基金的会计核算，提高会计信息质量，财政部对《社会保险基金会计制度》（财会〔1999〕20号）进行了修订，印发了《社会保险基金会计制度》（财会〔2017〕28号）。修订后的《社会保险基金会计制度》自2018年1月1日起施行。为了确保新旧制度顺利衔接、平稳过渡，促进新制度的有效贯彻实施，财政部同步印发了《新旧社会保险基金会计制度有关衔接问题的处理规定》（财会〔2017〕29号，以下简称《衔接规定》）。财政部会计司有关负责人就《社会保险基金会计制度》相关问题回答了记者的提问。

问：《社会保险基金会计制度》修订的背景和意义是什么？

答：社会保险是社会保障体系的重要组成部分，是党中央、国务院着力推进的重点民生工程。党的十九大报告指出，“全面实施全民参保计划。完善城镇职工基本养老保险和城乡居民基本养老保险制度，尽快实现养老保险全国统筹。完善统一的城乡居民基本医疗保险制度和大病保险制度。完善失业、工伤保险制度”。近些年来，我部会同人力资源社会保障部、卫生计生委等部门加快推进社会保险制度改革，在建立统一的城乡居民养老保险制度、推进机关事业单位养老保险制度改革、深化医疗保险制度改革等方面做了大量工作，取得了重大进展，为进一步实现十九大报告所提出的目标奠定了良好基础。

社会保险基金会计制度是社会保险管理制度体系的重要基础性制度，是准确、完整记录“民生账本”的基本规则和依据。我国现行社会保险基金相关会计制度包括《社会保险基金会计制度》《新型农村合作医疗基金会计制度》（财会〔2008〕1号）、《新型农村社会养老保险基金会计核算暂行办法》（财会〔2011〕3号）和若干项补充规定。上述制度自实施以来，对于确保社会保险基金安全运行和规范有效使用、加强基金监督和管理等方面发挥了积极作用。但是，随着近年来社会保险体系改革的快速推进，现行的社会保险基金会计制度体系已不能适应社会保险基金会计核算的新要求，迫切需要加以补充、修订和整合，主要体现在以下几个方面：

（一）新的社会保险险种的出台对补充制定相应的社会保险基金会计核算制度提出迫切需求。

我国现行《社会保险基金会计制度》发布于1999年，基于当时我国社会保险发展情况，仅对企业职工基本养老保险基金、失业保险基金、城镇职工基本医疗保险基金的会计核算进行了规范。之后，适应我国农村社会保险制度的改革和发展，我部制定了《新型农村合作医疗基金会计制度》《新型农村社会养老保险基金会计核算暂行办法》，分别对新型农村合作医疗基金和新型农村社会养老保险基金的会计核算进行了规范。

随着2010年《中华人民共和国社会保险法》的出台，近年来社会保险制度体系不断健全，新的社会保险险种陆续建立。目前，社会保险体系中的城乡居民基本医疗保险、机关事业单位基本养老保险、城镇居民基本医疗保险、工伤保险、生育保险等险种尚缺乏相应会计制度对其核算进行明确规范，造成这些险种会计实务核算和加强日常财务管理中的实际困难。

（二）社会保险基金运营模式变化和新增业务对修订现行社会保险基金会计制度提出了新的要求。

我国社会保险基金运营模式一直在进行改革，基本养老保险基金委托投资、基本医疗保险异地就医和大病保险等新业务不断出现。2015年，国务院印发了《基本养老保险基金投资管理办法》（国发〔2015〕48号），对基本养老保险基金的投资运营管理进行了全面规范，要求基本养老保险基金实行中央集中运营、市场化投资运作。2014年，人力资源社会保障部、财政部、卫生计生委联合印发了《关于进一步做好基本医疗保险异地就医医疗费用结算工作的指导意见》（人社部发〔2014〕93号），明确了基本医疗保险异地就医医疗费用结算工作的目标任务和实现途径，要求2016年全面实现跨省异地安置退休人员住院医疗费用直接结算。2015年，国务院办公厅印发《关于全面实施城乡居民大病保险的意见》（国办发〔2015〕57号），部署加快推进城乡居民大病保险制度建设，要求到 2017 年建立起比较完善的大病保险制度，有效防止发生家庭灾难性医疗支出，筑牢全民基本医疗保障网底。

上述社会保险改革措施中，委托投资业务涉及委托资金归集、划转、收回、投资收益确认等环节，跨省异地就医业务涉及参保省资金归集、参保省与就医省之间资金划拨和结算等环节，大病保险业务涉及社保基金与商业承保机构间盈余返还和亏损补偿等环节，都要求社会保险基金会计制度对相关业务的会计核算进行科学、统一的规范。

（三）加强对社会保险基金的统一管理对制定统一的社会保险会计制度提出了现实需要。

现行《社会保险基金会计制度》针对企业职工基本养老保险基金、失业保险基金和城镇职工基本医疗保险基金分别制定了三套自成体系的会计核算体系。三套会计核算体系在基金结余及部分收入、支出类科目名称上体现了各自险种特定的核算内容，而资产、负债以及大部分收入、支出类科目名称、含义完全一致，三套会计核算体系形成大量重叠，缺乏统一框架的整合。《新型农村合作医疗基金会计制度》《新型农村社会养老保险基金会计核算暂行办法》也存在同样的情形。各险种社会保险基金会计制度各自为政，通用的会计要素、核算框架、内容未能充分提炼和统一，这使得社会保险基金会计制度体系庞杂，增加了会计制度制定成本和实务人员的学习成本，同时也不利于为加强社会保险基金统一管理提供一致、可比的会计信息。

为顺应社会保险基金城乡统筹、全国统筹的改革趋势，统一加强对各类社会保险基金的财务管理，财政部会同相关部门开展了《社会保险基金财务制度》修订工作，其主要改革内容之一就是整合归并现行各项财务制度，制定统一的社会保险基金财务制度，建立统一的财务管理框架。顺应统一财务制度的改革趋势制定统一的会计制度，有利于经办机构会计人员全面掌握各险种会计核算方法，降低学习、培训和执行成本，也有利于提高各险种基金会计核算的统一性、规范性和可比性，从而进一步提升社会保险基金的会计信息质量。

问：《社会保险基金会计制度》修订发布的过程是怎样的？

答：《社会保险基金会计制度》的修订历时两年多。在修订过程中，我们坚持科学民主决策，严格遵循既定程序，广泛征求和听取各方面意见，主要经历了以下阶段：

（一）研究起草阶段。2015 年以来，我们积极跟踪和参与《社会保险基金财务制度》的修订工作，全面了解社会保险改革动向和业务现状，及时掌握

《社会保险基金财务制度》的修订方向、思路和内容等，多次就《社会保险基金财务制度》反馈修订意见。2016年以来，我们与我部社保司、人力资源社会保障部积极沟通，就《社会保险基金会计制度》的修订原则等达成共识，并在大量调查研究和集中研讨基础上起草了《社会保险基金会计制度》讨论稿，通过人力资源社会保障部社保中心初步征求了部分社会保险经办机构意见，对讨论稿进一步修改完善形成了《社会保险基金会计制度》征求意见稿。

（二）公开征求意见阶段。2016年11月16日，我部印发了《社会保险基金会计制度（征求意见稿）》（财办会〔2016〕43号），公开征求社会各方意见。截至2016年12月31日，我们共收到25份反馈意见。反馈意见总体上对制度征求意见稿表示赞同，同时，有关各方也针对制度征求意见稿中具体内容提出了意见和建议。

（三）局部征求意见和模拟测试阶段。今年8月以来，我们根据正式印发的《社会保险基金财务制度》对《社会保险基金会计制度》进行了新一轮修改，配套研究起草了《新旧社会保险基金会计制度有关衔接问题的处理规定》，就修改后的制度和新旧衔接规定进一步书面征求了我部社保司、人社部规划财务司和社保中心、卫生计生委财务司的意见，并联合社保中心组织部分地方社会保险经办机构对社会保险基金会计制度和新旧制度衔接规定进行了模拟测试。

（四）发布阶段。在上述工作基础上，经会计司技术小组审核和司务会审议并据此进一步修订完善后，于2017年10月形成了《社会保险基金会计制度》和《衔接规定》送审稿。两份送审稿经部内相关司局会签后，于2017年11月28日由部领导签发。

问：《社会保险基金会计制度》的反馈意见采纳情况如何？

答：在《社会保险基金会计制度》的修订制定过程中，我们注重广泛听取社会各界意见。通过公开征求意见，我们共收到25份反馈意见，其中，社保中心汇总的各地社会保险经办机构意见1份、地方财政厅（局）意见24份。上述意见中，7份表示无不同意见，其余18份共提出了153条具体意见。对于上述意见，我们一一做了梳理和分析，尽量予以吸收。此外，我们还多次在局部范围内征求意见，与相关部门和单位反复沟通，并在形成共识的基础上，就合理意见进行了吸收。

对于反馈意见比较集中的有关《社会保险基金会计制度》涵盖的险种范围、跨省异地就医结算、大病保险盈余返还和亏损补偿的处理、社会保险基金财务报表体系等问题，我们进行了重点研究，根据反馈意见对制度征求意见稿进行了修改完善。关于涵盖的险种范围，我们增加了“经办机构经办的其他各类社会保险基金的会计核算，参照本制度执行”的规定；关于跨省异地就医结算问题，我们在“暂收款”“暂付款”等科目中新增了相关业务的会计核算规定；关于大病保险盈余返还和亏损补偿的处理，我们将核算科目改为“大病保险支出”科目，规定大病保险盈余返还和亏损补偿列入实际支付年度的大病保险支出；关于社会保险基金报表体系，我们对报表体系进一步的优化，压缩报表层次，形成了“1 +8”的报表体系。

未采纳的意见主要是关于收入户存款、财政专户存款、支出户存款主要账务处理规定的撰写体例问题。有反馈意见建议采用列举法，将上述科目所有业务情况进行全面列举。对此我们进行了专题研究。从财务制度和会计制度职能分工的角度，财务制度规范具体业务在具体情况下应该使用的资金账户，是经办机构规范使用资金账户的依据；会计制度规范资金账户发生业务时的会计核算，是经办机构对资金账户进行正确会计核算的依据。采用列举法将导致会计制度与财务制度对收入户存款、财政专户存款、支出户存款产生大量重复规定。此外，列举法还存在不同会计科目的账务处理规定重复、对社会保险基金管理制度变化缺乏适应性等问题。基于以上考虑，我们未采用列举法，在《社会保险基金会计制度》中对收入户存款、财政专户存款、支出户存款的规范重点放在资金账户发生收支时的核算方法上。

问：《社会保险基金会计制度》和《衔接规定》规范的范围和主要内容是什么？

答：修订后的《社会保险基金会计制度》适用于社会保险经办机构负责经办的社会保险基金，包括在中华人民共和国境内依据《中华人民共和国社会保险法》建立的企业职工基本养老保险基金、城乡居民基本养老保险基金、机关事业单位基本养老保险基金、职工基本医疗保险基金、城乡居民基本医疗保险基金（包括城镇居民基本医疗保险基金、新型农村合作医疗基金、合并实施的城乡居民基本医疗保险基金）、工伤保险基金、失业保险基金、生育保险基金（生育保险与职工基本医疗保险合并实施的统筹地区，不再单列生育保险基金）等基金。经办机构经办的其他各类社会保险基金的会计核算，参照本制度执行。

《社会保险基金会计制度》对社会保险基金的会计核算进行了全面规范，包括五部分。第一部分为总说明，规范了《社会保险基金会计制度》的制定依据、适用范围、核算主体、建账要求、核算基础、会计要素、记账方法、核算原则、生效日期以及现行相关会计制度的废止等内容。第二部分为会计科目名称及编号，列示了资产类、负债类、净资产类、收入类、支出类共34个会计科目的名称和编号。第三部分为会计科目使用说明，对34个会计科目的核算内容、明细核算要求及相关账务处理进行了详细规范。第四部分为财务报表格式，规范了资产负债表和收支表的格式。第五部分为财务报表编制说明，规范了财务报表的编制方法、附注编制要求等。

《衔接规定》对社会保险经办机构在首次执行修订后的《社会保险基金会计制度》时如何做好与现行社会保险基金相关会计制度的衔接问题进行了规范。对于按照现行社会保险基金相关会计制度进行核算的基本养老保险基金、基本医疗保险基金、失业保险基金、新型农村合作医疗基金和新型农村社会养老保险基金，《衔接规定》提供了新旧社会保险基金会计制度科目对照表，为经办机构将原账科目余额转入新账，并按照新制度编制财务报表提供了指引。

问：修订后的《社会保险基金会计制度》的主要变化和创新有哪些？

答：《社会保险基金会计制度》与现行社会保险基金相关会计制度相比，主要有以下重大变化和创新：

（一）全面覆盖社会保险险种。

与修订后的《社会保险基金财务制度》一致，《社会保险基金会计制度》适用于在我国境内依据《中华人民共和国社会保险法》建立的企业职工基本养老保险基金、城乡居民基本养老保险基金、机关事业单位基本养老保险基金、职工基本医疗保险基金、城乡居民基本医疗保险基金（城镇居民基本医疗保险基金、新型农村合作医疗基金、合并实施的城乡居民医疗保险基金）、工伤保险基金、失业保险基金、生育保险基金等基金，全面规范了上述社会保险基金的会计核算，涵盖了目前全国统一的社会保险基金。

（二）统一社会保险基金会计核算框架。

《社会保险基金会计制度》总结提炼了不同险种的社会保险基金在会计要素构成、会计核算内容和方法方面的共性因素，统一了各险种社会保险基金的会计科目设置、业务核算流程与方法、财务报表格式，构建了“一套科目 + 一套报表”的社会保险基金会计核算统一框架。在此基础上，通过少量专用科目设置、专用报表项目列示等方法兼顾了个别险种社会保险基金的特定会计核算要求。

（三）补充完善有关新业务的会计核算规定。

顺应我国社会保险基金运营管理的改革发展要求，我们在会计制度设计时充分考虑了社会保险基金新业务的会计核算需求。例如，按照基本养老保险委托投资业务核算需要，增加了“委托投资”新科目，在“暂收款”“暂付款”等科目中补充增加了相关核算内容及核算方法；按照跨省异地就医直接结算业务核算需要，在“暂收款”“暂付款”等科目中增加了跨省异地就医资金归集、划拨和清算的相关会计核算规定；按照大病保险业务核算要求，增设了专门的“大病保险支出”科目，并对大病保险盈余返还和亏损补偿的核算要求进行了完善。

问：相关部门将如何推进《社会保险基金会计制度》的实施工作？

答：修订后的《社会保险基金会计制度》将与新修订的《社会保险基金财务制度》自2018年1月1日起同步施行。我们将会同部内相关司局以及人力资源社会保障部、国家卫生计生委等部门共同做好以下工作：

一是加强宣传培训。我们将会同有关部门采用多种渠道和形式，充分利用各种网络平台，做好《社会保险基金会计制度》宣传培训，帮助社会保险基金经办机构等掌握《社会保险基金会计制度》的内容和主要变化。

二是加强实施指导。各级政府财政部门和社会保险经办机构要高度重视《社会保险基金会计制度》的贯彻实施工作，将其与《社会保险基金财务制度》的实施工作结合，加强统筹规划、协调指导和督促检查。

三是及时解决实施问题。各级政府财政部门和社会保险经办机构要加强《社会保险基金会计制度》实施情况的反馈，我们也将加强跟踪，认真研究和及时解决《社会保险基金会计制度》实施中遇到的会计问题，为落实党的十九大关于加强社会保障体系建设的相关部署提供坚实的会计制度保障。

财政部会计准则制度系列图书

序号	书名	ISBN	作者	出版时间	出版单位	定价
1	《管理会计应用指引》	978－7－5141－8632－1	中华人民共和国财政部制定	2017 年 11 月	经济科学出版社	30.00
2	《政府会计制度——行政事业单位会计科目和报表》	978－7－5095－7865－0	中华人民共和国财政部制定	2017 年 11 月	中国财政经济出版社	56.00
3	《企业会计准则》（合订本）	978－7－5141－8180－7	中华人民共和国财政部	2017 年 7 月	经济科学出版社	75.00
4	《国际财务报告准则第 15 号——客户合同收入（汉英对照）》	978－7－5095－7471－3	中国会计准则委员会组织翻译	2017 年 7 月	中国财政经济出版社	150.00
5	《国际财务报告准则第 16 号——租赁（汉英对照）》	978－7－5095－7495－9	中国会计准则委员会组织翻译	2017 年 7 月	中国财政经济出版社	80.00
6	《国际财务报告准则第 9 号——金融工具（汉英对照）》	978－7－5095－6366－3	中国会计准则委员会组织翻译	2015 年 11 月	中国财政经济出版社	298.00
7	《国际财务报告准则 2015（A、B 部分）》	978－7－5095－6440－0	中国会计准则委员会组织翻译	2015 年 11 月	中国财政经济出版社	1280.00
8	《行政事业单位会计制度汇编》	978－7－5095－6161－4	财政部会计司　编	2015 年 5 月	中国财政经济出版社	98.00
9	《企业会计准则第 37 号——金融工具列报》	978－7－5095－5975－8	财政部会计司　编	2015 年 1 月	中国财政经济出版社	48.00

续表

序号	书名	ISBN	作者	出版时间	出版单位	定价
10	《电力行业内部控制操作指南》	978 - 7 - 5141 - 5395 - 8	中华人民共和国财政部制定	2015 年 1 月	经济科学出版社	40.00
11	《内部控制——整合框架（2013）》	978 - 7 - 5095 - 5488 - 8	财政部会计司组织翻译	2014 年 8 月	中国财政经济出版社	140.00
12	《企业会计准则第 30 号——财务报表列报》	978 - 7 - 5095 - 5502 - 6	财政部会计司 编	2014 年 8 月	中国财政经济出版社	35.00
13	《企业会计准则第 39 号——公允价值计量》	978 - 7 - 5095 - 5488 - 3	财政部会计司 编	2014 年 7 月	中国财政经济出版社	45.00
14	《企业会计准则第 41 号——在其他主体中权益的披露》	978 - 7 - 5095 - 5494 - 4	财政部会计司 编	2014 年 7 月	中国财政经济出版社	25.00
15	《企业会计准则第 9 号——职工薪酬》	978 - 7 - 5095 - 5522 - 4	财政部会计司 编	2014 年 7 月	中国财政经济出版社	25.00
16	《企业会计准则第 40 号——合营安排》	978 - 7 - 5141 - 4793 - 3	财政部会计司 编	2014 年 6 月	经济科学出版社	25.00
17	《企业会计准则第 2 号——长期股权投资》	978 - 7 - 5141 - 4791 - 9	财政部会计司 编	2014 年 6 月	经济科学出版社	28.00
18	《企业会计准则第 33 号——合并财务报表》	978 - 7 - 5141 - 4792 - 6	财政部会计司 编	2014 年 6 月	经济科学出版社	50.00

续表

序号	书名	ISBN	作者	出版时间	出版单位	定价
19	《高等学校会计制度2013》	978－7－5095－5124－0	中华人民共和国财政部制定	2014年3月	中国财政经济出版社	28.00
20	《科学事业单位会计制度2013》	978－7－5095－5134－9	中华人民共和国财政部制定	2014年3月	中国财政经济出版社	30.00
21	《中小学校会计制度2013》	978－7－5141－4366－9	中华人民共和国财政部制定	2014年3月	经济科学出版社	25.00
22	《彩票机构会计制度2013》	978－7－5141－4363－8	中华人民共和国财政部制定	2014年3月	经济科学出版社	32.00
23	《石油石化行业内部控制操作指南》	978－7－5095－5053－3	中华人民共和国财政部制定	2014年2月	中国财政经济出版社	48.00
24	《〈企业产品成本核算制度（试行）〉讲解》	978－7－5095－5028－1	财政部会计司　编	2014年1月	中国财政经济出版社	38.00
25	《行政事业单位内部控制规范讲座》	978－7－5141－3792－7	财政部会计司　编	2013年9月	经济科学出版社	38.00
26	《国际会计准则第1号——财务报告列报（汉英对照）》	978－7－5095－4142－5	中国会计准则委员会组织翻译	2013年2月	中国财政经济出版社	45.00
27	《国际财务报告准则第10号——合并财务报表（汉英对照）》	978－7－5095－4143－2	中国会计准则委员会组织翻译	2013年2月	中国财政经济出版社	45.00

续表

序号	书名	ISBN	作者	出版时间	出版单位	定价
28	《国际财务报告准则第 11 号——合营安排（汉英对照）》	978 - 7 - 5095 - 4144 - 9	中国会计准则委员会组织翻译	2013 年 2 月	中国财政经济出版社	30. 00
29	《国际财务报告准则第 13 号——公允价值计量（汉英对照）》	978 - 7 - 5095 - 4146 - 3	中国会计准则委员会组织翻译	2013 年 2 月	中国财政经济出版社	30. 00
30	《国际财务报告准则第 12 号——在其他主体中权益的披露（汉英对照）》	978 - 7 - 5095 - 4145 - 6	中国会计准则委员会组织翻译	2013 年 2 月	中国财政经济出版社	49. 00
31	《国际会计准则第 19 号——雇员福利（汉英对照）》	978 - 7 - 5095 - 4148 - 7	中国会计准则委员会组织翻译	2013 年 2 月	中国财政经济出版社	49. 00
32	《国际会计准则第 27 号——单独财务报表（汉英对照）》	978 - 7 - 5095 - 4149 - 4	中国会计准则委员会组织翻译	2013 年 2 月	中国财政经济出版社	16. 00
33	《国际会计准则第 28 号——在联营企业和合营企业（汉英对照）》	978 - 7 - 5095 - 4150 - 0	中国会计准则委员会组织翻译	2013 年 2 月	中国财政经济出版社	16. 00
34	《事业单位会计制度 2012》	978 - 7 - 5141 - 2975 - 5	中华人民共和国财政部制定	2013 年 1 月	经济科学出版社	25. 00
35	《企业会计准则通用分类标准讲解》	978 - 7 - 5095 - 3508 - 0	财政部会计司　编	2012 年 3 月	中国财政经济出版社	90. 00